AI 규제법

AI문고

인공지능 시대입니다. 기계가 인간의 인지를 대신하고, 사물이 인간을 통하지 않고 다른 사물과 직접 커뮤니케이션합니다. 이에 따른 인간 삶과 문명 변화를 정확히 이해·예측·대응하는 것은 이 시대 우리 모두의 과제입니다. AI문고는 인공지능 기술과 환경의 여러 주제를 10가지 키워드로 정리합니다. 관련 개념과 이론, 학계와 산업계의 쟁점, 우리 일상의 변화를 다룹니다. 인간과 기술의 현재, 미래를 세심히 분석합니다.

일러두기

- 인명, 작품명, 저서명, 개념어 등은 한글과 함께 괄호 안에 해당 국가의 원어를 병기했습니다.
- 외래어 표기는 현행 어문규정의 외래어표기법을 따랐습니다.
- '인공지능(Atrtificial intelligence)', 'AI'는 같은 의미로 혼용했습니다.

처음이세요?

전문가세요?

AI 규제법

이성엽

대한민국, 서울, 커뮤니케이션북스, 2024

AI 규제법

지은이 이성엽
펴낸이 박영률

초판 1쇄 펴낸날 2024년 8월 31일

커뮤니케이션북스(주)
출판 등록 2007년 8월 17일 제313-2007-000166호
02880 서울시 성북구 성북로 5-11
전화(02) 7474 001, 팩스(02) 736 5047
commbooks@commbooks.com
www.commbooks.com

ISBN 979-11-288-6685-2 03500

책값은 뒤표지에 표시되어 있습니다.

차례

신뢰할 수 있는 AI 구현을 위한 규제의 필요성

마치 살아 있는 생명 같은 느낌을 주는 기계, 더 나아가 인간의 사고 능력, 즉 인지, 추론, 학습 등을 모방하는 기술을 인공지능(AI, artificial intelligence) 기술이라고 한다. 즉, 인간의 학습 능력과 추론 능력, 지각 능력, 자연언어의 이해 능력 등을 컴퓨터 프로그램으로 실현한 기술로, 활용 가능한 데이터만 충분히 있다면 그동안 인간이 수행해 왔던 계산 기반의 지적 작업들을 인간보다 더욱 빠르고 정확하게 대신할 수 있어 경제적으로 뛰어난 가치가 있다.

AI 기술이 로봇 기술, 빅데이터 기술, 클라우드, IoT 기술과 결합하면서 소위 제4차 산업혁명 내지 지능정보사회로의 변화를 견인하고 있다. 지능정보사회는 모든 사물과 인간이 연결되는 초연결 기반과 축적된 데이터를 토대로 인간과 사물의 사고 능력이 획기적으로 개선되어 문제 해결 능력이 제고되는 사회다. 컴퓨터와 인터넷 혁명으로 대표되는 정보사회와는 달리 판단의 주체가 점차적으로 인간에서 기계로 바뀌어 기계가 자율적인 처리, 제어, 예측을 할 수 있는 사회다. 산업혁명에서 기계가 인간의 육체노동을 대체했다면 지능정보사회에서는 기계가 인간의 정신노동을 대체하게 된다.

AI가 가져올 미래 전망에 대해서는 비관론과 낙관론이 교차한다. 『사피엔스』의 저자 유발 하라리나 영국의 물리학자 스티븐 호킹은 AI가 이 100년, 200년 내에 인류를 몰아낼 것이라고 한다. 반면, 스티븐 핑커 하버드대학교 심리학과 교수는 인간의 지성이 AI를 지배하기 때문에 인류 파멸이 오지는 않을 것이라고 본다. 창의성, 예술성에서는 확실히 인간 지성이 여전히 AI보다 우위에 있다고 보는 견해가 많지만, 종전의 기술혁명과는 다른 엄청난 생산성 향상, 일자리 변화 등의 경제, 사회적 파급 효과가 있을 것이라는 점은 분명하다.

2022년 12월 1일 미국 스타트업 '오픈AI'가 출시한 챗GPT(Chat Generative Pre-Trained Transformer)가 글로벌 IT 생태계에 충격을 주고 있다. 챗GPT는 사람의 언어를 이해하는 것은 물론 사람의 질문에 꼭 맞는 유용한 답을 하는 대화형 생성 AI로 일반 대중에게 AI의 일상화라는 경험을 제공하고 있다. 2007년 손 안의 컴퓨터 시대를 연 아이폰, 2016년 인간 바둑기사를 이긴 알파고의 충격 이후 6년 만에 챗GPT가 범용 AI 시대를 열고 있다.

생성형 AI의 대표인 챗GPT는 문장을 생성(Generative)하는 AI 모델로서 사전학습(Pre-trained)을 통해 훈련을 받았으며, 트랜스포머(Transformer)라는 구조에 기반한 인공지능 언어모델이다. 생성이란 문장을 사람처럼 만들어 낸다는 것이고, 사전학습이란 많은 데이터를 사전에 습득했다는 것이며, 트랜스포머란 단어 간 연관성 파악이 가능한 혁신적인 심층신경망을 뜻한다. 한마디로 챗GPT의 GPT는 '사전 훈련된 생성 변환기(Generative Pre-trained Transformer)'를 뜻한다. 결론적으로 생성형 AI란 대규모 데이터의 패턴을 스스로 학습해 명령어(Prompt)에 따라 새로운 텍스트, 코드, 이미지, 음악, 영상 등의 콘텐츠를 생성하는 인공지능으로 정의할 수 있다. 패턴을 인식하고 예측하도록 설계된 기존 AI 시스템과 달리 생성형 AI는 이미지, 텍스트, 오디오 등의 형태로 새로운 콘텐츠를 생성한다.

챗GPT는 자연어 생성 모델로 주어진 텍스트의 다음 단어를 예측하는 학습을 하며, 이를 통해 사람이 쓴 것과 같은 의미 있는 텍스트를 생성한다. 챗GPT의 성능은 매개변수의 개수에 따라 좌우되는데 2022년 11월 공개된 GPT-3.5는 1,750억 개를 활용했으며, 다음 버전인 GPT-4는 밝혀지진 않았지만 인간의 시냅스 개수에 맞먹는 100조 개로 추정된다.

생성형 AI 모델의 특성은 다음 몇 가지로 제시할 수 있다. 첫째, 대규모 언어모델(LLM, Large Language Model)이다. 우선 언어모델은 문장 생성을 위해 한 단어의 다음에 올 수 있는 단어의 확률을 할당(assign)하는 모델로, 기존 통계적 방법에서 인공신경망 방법으로 발전했다. 통계적 언어모델은 이전에 주어진 단어들을 기반으로 가장 자연스러운 단어의 배열을 찾아 다음 단어를 예측해 문장을 생성하지만, 트랜스포머 모델은 문장 속 단어와 같은 순차 데이터 내의 관계를 추적해 맥락과 의미를 학습하는 신경망으로 대규모 언어모델 등장의 시초가 된다. 대규모 언어모델은 사람들이 사용하는 언어(자연어)를 학습해 실제 인간과 유사한 문장을 생성하기 위한 언어모델로 점차 규모가 커지며 초거대 AI로 진화하고 있다.

둘째, 콘텐츠를 창조한다. 기존 AI는 이용자의 특정 요구에 따라 결과를 생성해 낸다. 즉, AI의 역할은 데이터 분석, 활용 등 인간의 행위를 대체하거나 보완하는 데 그친다. 생성형 AI는 자가학습 알고리즘으로 새로운 디지털 이미지, 영상, 음성, 텍스트, 프로그램 코드 등을 '창조'한다. 기존 검색엔진과 달리 생성형 AI는 사용자 질문에 대해 새로운 정보를 생성하는 기능이 있다. 창조의 영역은 크게 3가지다. 먼저 텍스트다. 뉴스 기사, 시, 심지어 대본을 작성하는 데 사용될 수 있다. 또한 한 언어에서 다른 언어로 텍스트를 번역하는 데에도 사용될 수 있다. 다음으로는 사람의 얼굴이나 기존 풍경 등의 이미지를 기반으로 초상화나 풍경 등 새로운 이미지를 생성할 수 있다. 끝으로 새로운 음악 트랙, 음향 효과, 음성 연기까지 생성할 수 있다.

셋째, 범용인공지능(Artificial General Intelligence, AGI)이다. 이는 인간처럼 종합적으로 사고 · 학습 · 추론하는 인공지능으로 텍스트 이해 · 생성, 자연어 처리, 이미지 분류, 예측, 추론 등 다양한 태스크를 동시에 처리하는 인간의 능력을 모방한다. 기존 AI는 대화, 질의응답, 기계 번역, 이미지 처리 등 태스크별로 개별 모델로 개발되었으나, 인간 같은 멀티태스킹을 위해서는 하나의 모델로 여러 태스크를 동시에 처리할 필요가 있다. 제각각의 규칙과 데이터(음성, 이미지, 영상 등)로 학습된 개별 모델로는 초거대 AI를 만들 수 없기에 단일의 거대한 모델 개발로 변화가 필요하게 되었다. 특정 과제 수준을 넘어 여러 과제에 복합적으로 대응 가능한 범용인공지능의 성격을 가진다.

넷째, 대량의 컴퓨팅 파워와 데이터가 필요하다. 생성형 AI에서 경쟁의 향방을 결정하는 특징적인 요소가 경쟁 자원의 제한(resources constraint)이다. 그동안 디지털 기술은 개발 비용은 엄청났지만 서비스 운영 비용은 크지 않았으나, 생성형 AI는 서비스 운영을 위한 클라우드 컴퓨팅 비용이나 AI 반도체 비용이 엄청나다. 따라서 인프라 경쟁이 필수적일 수밖에 없어 기존 빅테크를 제외하면 사실상 의미 있는 경쟁이 어렵다. 이에 대한 반작용으로 나타난 것이 경량화다. 즉, 컴퓨팅의 원칙으로 정확성(fidelity) 대신 효율성(efficiency)을 추구하는 것이다. 엄청난 비용이 드는 파라미터 대신 토큰(token)의 양과 질에 집중하는 것으로 대표적인 것이 메타의 라마(Llama)다.

다섯째, 기존 검색 모델과 차별성이 있다. 검색 모델은 키워드 검색을 통해 정보를 제공하지만, 생성형 AI는 인공지능 기술인 언어 모델링을 사용해 사용자 질문에 대한 답변을 생성한다. 또 검색 모델은 키워드 검색을 통한 정보 제공으로 사용자와의 상호작용이 없지만, 생성형 AI 모델은 사용자 친화적인 상호작용을 통해 질문을 이해하고 대답한다. 또한 검색 모델은 사용자 질문을 이해하고 답변하는 것이 아니라 키워드 검색을 통해 정보를 제공하는 방식으로, 질문에 대한 답변을 직접 제공하지 않으며 검색마다 독립적으로 정보를 제공한다. 반면 생성형 AI는 자연어 처리 기술을 통해 사용자 질문을 이해하고 의도에 맞는 결과를 제공하며, 사용자의 이전 질문을 기억하고 연관성을 고려해 유연성 있게 답변한다.

생성형 AI의 부상으로 검색 시장의 핵심 가치가 검색 효율성에서 생성된 답변의 신뢰성으로 변하고 있다. 이제 검색에서 정답(from search to answer)이라는 가치로 인터넷 관문의 역할이 바뀌고 있는 것이다. 2007년 아이폰의 등장이 PC 시대에서 모바일 시대로 진입하는 첫걸음에 해당했다면 2022년 생성형 AI의 등장은 또 다른 디지털 기술혁명의 가능성을 시사하고 있다.

생성형 AI의 발전 속도가 빠르다는 것과 생성형 AI의 성능이 뛰어나고 인류에 대한 영향이 지대하다는 점에 대해서는 공감대가 이루어졌다고 할 수 있다. 그렇다면 과연 생성형 AI에 대한 규제는 왜 필요한 것일까.

가장 큰 문제는 생성형 AI의 결과물의 진실성의 문제, 즉 소위 환각(hallucination) 이슈다. 환각이란 생성형 AI가 사실과는 다른 정보를 생성하거나 관련성이 없는 답변을 하는 것을 말한다. 이는 생성형 AI의 특성인 대규모 언어 모델에서 발생하는 것인데, 통계적으로 확률이 높은 단어를 연쇄적으로 생성해 가는 작동 원리가 그 원인이 된다.

이에 따라 생성형 AI의 결과물에는 오정보(misinformation)와 역정보(disinformation)가 다수 발견되며, 이용자가 이를 그대로 수용하는 경우 막대한 피해가 생길 수 있다. 의료나 법률 분야의 오정보는 특히 위험성이 높다. 또한 생성형 AI가 역정보 내지 허위 조작 정보, 즉, 가짜 뉴스를 만드는 데 이용될 수 있다. 정치인, 공무원, 연예인 등 공개된 정보가 많은 사람일수록 위험하다. 또한 AI의 일반적 특성인 편향성도 문제가 될 수 있다. 대규모 언어모델도 편향된 데이터를 학습하거나 설계자의 개인적 편향으로 인해 편향된 결과물을 생성할 수 있다.

둘째, 생성형 AI가 데이터를 학습하는 과정에서 저작권과 개인정보를 침해할 가능성이 있다. 생성형 AI는 웹 스크래핑, 오픈소스 저장소 마이닝 등을 통해 얻은 데이터로 언어모델을 훈련시켜 작동하는데, 이 데이터에 저작권이 설정된 데이터나 개인정보가 포함될 수 있다. 저작권이 없더라도 생성형 AI가 저작물을 학습용 데이터로 이용할 수 있는지, 공개된 개인정보의 경우 정보 주체의 동의 없이도 이용 가능한 것인지가 쟁점이다. 미국에서는 이미지 도용을 원인으로 생성형 AI에 대한 소송이 진행되고 있으며, 이탈리아 데이터보호청은 챗GPT의 개인정보 유출과 무단 이용을 이유로 잠정적으로 접속을 중단했다.

셋째, 고용과 교육에 미칠 영향이 크다. 글로벌 투자은행인 골드만삭스는 최근 보고서에서 생성형 AI 발달로 미국과 EU에서 일자리의 4분의 1이 자동화할 것으로 봤다. 업종별로 보면 사무 · 행정 지원 근로자(46%), 법률(44%), 건축 · 공학(37%), 생명 · 사회과학(36%), 경영 · 금융(35%), 사회 서비스(33%), 관리(32%), 판매(31%) 순으로 나타났는데, 상위권은 대부분 화이트칼라 업종이 차지했다. 한편 미국 스탠포드대학교 인간중심인공지능연구소(Human-Centered AI Institute)는 다양한 분야에서 생성형 AI가 미칠 영향을 분석한 보고서를 발표했는데, 교육 문제에 대해 '진행 중인 재앙(disaster in the making)'이라는 표현을 사용해 다른 분야 대비 매우 비관적인 전망을 했다. 새로운 자동 작성 도구로서 AI 활용은 전문적인 환경에서는 성과를 향상시킬 수 있으나 교육 환경 등 특별한 고려 사항이 없는 곳에서는 창의력을 잠식할 수 있다는 것에 대해 큰 우려를 표시했다.

넷째, 생성형 AI를 오남용하는 문제가 있다. 우선 사이버 공격에 생성형 AI를 이용하는 경우다. 누구나 쉽게 사이버 공격을 위해 생성형 AI를 이용해 다양한 악성 소프트웨어를 만들 수 있다. 또 사용자가 영업 비밀 또는 개인정보를 생성형 AI에 입력하면 이들이 유출될 우려가 있다. 이미 일부 기업은 이미 생성형 AI 사용 시 영업 비밀이나 개인정보를 입력하지 말도록 가이드를 만들어 시행하고 있다.

다섯째, 챗GPT 안에 외부 서비스를 모아 기능을 높이는 일종의 추가 확장 소프트웨어를 지칭하는 플러그인 기능은 마치 애플과 안드로이드 앱 생태계처럼 별도의 챗GPT 생태계를 구축하면서 AI 플랫폼 독점, 기술 · 데이터 종속 문제를 발생시킬 수 있다. 또한 AI를 이용할 수 있는 계층, 국가와 그렇지 못한 계층, 국가 간 소외, 불평등도 심화될 수 있다.

AI는 법치주의와 민주주의에도 심대한 영향을 미치고 있다. 우선 법치주의에 미치는 영향을 살펴보자. 법치주의는 사람에 의한 지배가 아닌 법에 의한 지배를 의미하는 것으로 편견과 자의에 의한 인간의 결정 대신 객관적이고 중립적인 법규범에 따른 결정이 인간의 자유, 평등과 같은 기본권을 보장할 수 있다는 믿음에 근거하고 있다. 결국 우리가 의사 결정에 인공지능을 활용하는 경우에도 이것이 법치주의를 발전시킬 수 있을 때에만 정당화될 수 있다. 즉, 인공지능에 의한 결정에서도 국민들이 공정하고 평등하게 합리적인 법에 의해 통치되고 있다고 느낄 수 있어야 한다는 것이다.

그렇다면 과연 인공지능이 법치주의에 기여할 수 있을까. 인공지능은 대량의 데이터를 처리함으로써 인력 충원 없이도 정보와 지식을 생산할 수 있으며, 가족, 학연, 지연 관계를 벗어남으로써 공정성과 중립성이 기대되며, 이에 따라 인간 상호 간의 대면 갈등 없이 기계적으로 업무를 처리할 수 있는 장점이 있다. 결국 인공지능은 인간이 가진 편견과 자의를 배제하고 공정하고 평등한 결정을 가능하게 한다. 채용 과정에서 인공지능의 역할이 이와 유사하다.

그러나 학습 데이터 자체에 편향이 존재하는 경우, 알고리즘의 설계자, 운영자의 편향이 알고리즘에 반영되는 경우, 외부 압력 등에 의해 알고리즘 운영자가 결과를 조작하는 경우 등에는 인공지능의 공정성, 중립성도 기대하기 어렵다. 이에 따라 인공지능 알고리즘의 투명성, 공정성, 책임성을 확보하기 위한 인공지능 윤리 내지 법을 통한 규제의 필요성이 제기된다.

민주주의와의 관계는 어떨까. 생성형 AI는 누구나 쉽게 창작이 가능하다는 점에서 AI 기술에 대한 접근성을 높이고 개인의 능력을 확대한다는 점에서 민주주의에 기여한다. 다만, AI의 활용 능력에 따른 개인 간 격차가 심화되면서 평등 원칙을 침해할 우려가 있다. 특히, 인간의 지능을 넘어서는 초지능 AI가 현실화될 경우, AI를 잘 활용하는 소수의 생산성이 극대화되며 양극화가 심화될 가능성이 있다.

다음으로, 생성형 AI 시장 성장에 따라 자본력을 갖추고 시장을 선점한 소수 거대 글로벌 플랫폼의 독점 심화에 대한 우려가 증가하고 있다. 특히, 플랫폼은 개인의 선호를 분석해 맞춤형 콘텐츠를 제공해 확증 편향을 강화하고 가짜뉴스를 확산해 정확한 정보에 의한 의사 결정을 어렵게 함으로써 민주주의를 뿌리부터 위협하고 있다. 플랫폼의 알고리즘은 상품, 뉴스 소비의 다양성을 제한함으로써 정치적 성향도 양극화해 민주주의 전통인 상호 존중과 합의를 불가능하게 하고 있다.

원래 인터넷의 확산으로 인해 소수가 독점하던 정보를 다수가 공유할 수 있게 되면, 민주주의를 강화하고 자유와 평등을 촉진할 수 있을 것으로 기대했다. 그러나 거대 플랫폼이 정보 전달과 정치적 담론 형성에 상당한 통제력을 행사하면서, 결과적으로 가짜뉴스 확산, 필터 버블, 개인 정보 침해 등의 위험을 초래하며 특정한 주장과 관점을 증폭시키거나 배제함으로써 민주주의의 가치를 훼손하고 있다.

민주주의를 보호하기 위해서는 미디어와 국민의 끊임없는 감시와 비판이 필수적이다. 그런데 공론의 장이 되어야 할 미디어가 플랫폼에 의해 장악되면서 감시와 비판의 기능은 축소되고, 온라인 무질서는 오프라인 민주주의에까지 악영향을 끼치고 있다. 이제 지속 가능한 민주주의 실현을 위해 거대 글로벌 플랫폼에 대해 이용자 보호, 공정한 경쟁 차원의 적정한 규제가 필요한 시기다.

이런 이슈들에 대해, 규제받지 않는 AI는 인류에게 위협이 될 것이기 때문에 통제할 수 없는 상황이 오기 전에 미리 규제 논의를 서둘러야 한다는 입장과, 이는 과도한 우려에 불과하며 AI 개발을 진행하면서 부작용을 최소화하는 것으로 충분하다는 입장이 대립하고 있다.

전자의 입장에서 EU, 미국, 한국 등은 AI 규제 입법을 시도하고 있다. 대부분 고위험 AI에 대해 사전 고지, 영향 평가, 신뢰성과 안전성 조치 의무 등 사전적 규제를 포함하고 있는 것이 특징이다. 다만, 제기된 이슈들은 이미 플랫폼, 데이터 경제 시대에도 존재하던 것으로 사전적, 사후적 정책 대응이 필요한 것이지 반드시 사전 규제가 필요하다고 보기는 어려운 것들이다. 아직 EU를 제외하면 플랫폼에 대해서도 규제 입법이 가시화되지 않고 있다.

오히려 기술 진보를 사전에 예측하고 선제적으로 법제를 도입하는 것은 자칫하면 현실적 집행이 곤란한 규제를 양산할 수 있으며, 기술 혁신으로 인한 편익을 저해할 수도 있다. 사전 규제, 사후 규제, 정부 규제, 자율 규제 등 다양한 규제 방식 중에서 기술 진보에 유용하게 대응하면서 사회적 위험을 최소화할 수 있는 유연하고 탄력적인 방식을 채택할 필요가 있다.

인간중심인공지능연구소의 의견대로 생성형 AI 모델이 산업과 사회, 우리 삶에 미치는 영향은 매우 클 것이다. 한편으로는 인간의 노동력을 보완해 우리 삶이 더 생산적이고 창의적일 수 있도록 하겠지만 다른 한편으로는 우리의 편견을 강화하거나 정보에 대한 신뢰를 떨어뜨릴 수 있다. 결국 기술의 양면성은 보편적인 것이며 어떻게 기술을 인간에게 유용하게 사용할 것이냐가 중요하다. AI가 인간을 대체하는 것에 대해서도 적절한 대응이 필요하지만, AI를 이용하지 않는 자가 이용하는 자에 의해 대체될 가능성에 대해서도 유의해야 할 것이다.

본서는 이러한 문제 의식 속에 AI가 우리 사회에 미칠 다양한 영향 중에서 규제가 필요한 분야를 10가지로 나누어 설명하고 있다. 제1장 AI 윤리와 법, 제2장 AI 규제의 원칙은 본서 전체 논의를 위한 서론에 해당하는 것으로, 제1장에서는 법과 윤리의 의미와 양자의 관계, 인공지능에 대해 윤리적 규제에서 법적 규제로 변화하는 요인을 설명한다. 제2장에서는 AI, 특히 생성형 AI에 대한 규제 시 고려해야 할 원칙으로 원칙 중심 규제, 위험 기반 규제, 비례적 규제에 대해 설명한다.

제3장 AI와 저작권, 제4장 AI와 개인정보는 생성형 AI의 데이터 학습 시 권리 분쟁에 대해 다룬다. 생성형 AI 모델에서 데이터의 이용 권리 분쟁 이슈는 주로 학습 대상 데이터에 저작권이 설정된 경우와 학습 대상 데이터가 개인정보인 경우에 발생한다. 원칙적으로는 두 경우 각각 저작권자와 정보 주체의 사용 허락을 받아야만 적법한 사용이 되지만, 이를 그대로 적용하는 경우 AI 개발이나 서비스 제공이 불가능하므로 이에 관한 예외를 인정하기 위한 논의가 진행 중이다.

제5장 AI의 권리 주체성 이슈는 AI가 만든 창작물이나 발명에 대해 AI의 저작권이나 특허권을 인정할 수 있느냐는 논쟁에 관한 것이다. 제6장에서는 알고리즘 규제 이슈를 다룬다. 알고리즘이란 어떤 문제를 해결하기 위한 절차, 방법, 명령어들의 집합으로 본질은 조직의 의사

결정을 위한 판단 메커니즘이므로, 원칙적으로 기업이 자신의 상품, 서비스에 대해 어떤 의사 결정을 할지는 원칙적으로 해당 기업의 자율에 따른다. 하지만 우리의 일상생활을 지배하는 플랫폼의 알고리즘에 대해 투명성, 공정성을 요구하는 주장이나 규제 집행이 이루어지고 있는바 이에 대한 타당성과 향후 방향에 대해 논의한다.

제7장은 EU의 AI 규제법 등 주요국의 AI 규제에 관한 내용이다. 세계 최초의 포괄적 AI 규제법을 시행 중인 EU를 비롯해 중국, 미국의 규제 동향을 분석하고 한국의 입법 진행 상황과 시사점을 살펴본다. 제8장 AI와 사이버 보안에서는 AI 기술과 사이버 보안의 관계를 두 측면으로 나누어 살펴본다. 그중 첫째는 AI 기술을 이용해 사이버 보안을 강화하는 경우이며, 둘째는 AI 기술이 사이버 공격에 이용되는 경우다.

제9장 AI와 리걸테크에서는 법률과 기술이 결합한 새로운 법률 서비스인 리걸테크가 AI와 만나면서 한 단계 발전하고 있는 양상과 미국, 독일, 일본 등 주요국의 리걸테크 지원을 위한 법제도를 소개하고 한국에서 리걸테크와 법률 AI의 발전 방안에 대해 논의한다. 제10장 AI와 허위 정보에서는 인공지능 기술 등을 통해 실제와 구분하기 어려운 가상의 음향, 이미지 또는 영상(딥페이크

영상 등), 즉 허위 정보가 만연하면서 생기는 문제와 이에 대한 해결 방안을 논의한다.

결국 현재 우리에게 주어진 과제는 AI 기술 발전을 촉진하면서도 AI로 인한 역기능을 방지하려는 노력이다. 역기능을 방지하기 위해선 다양한 규제 노력도 필요하지만 종국적으로 소비자 리터러시(literacy) 문제를 해결할 수 있는 이용자 보호 시스템도 중요하다. 결론적으로 AI 기술이 인류에게 편익을 가져다주기 위해서는 적정한 규제를 통해 통제 가능하고 신뢰 가능한 AI를 개발하고 운용하도록 해야 할 것이다.

본서는 그동안 필자가 여러 매체에 기고한 칼럼, 학술 논문 등을 토대로 작성되었으며, 최근의 상황 변화를 반영해 업데이트한 것이다. 아무쪼록 본서가 데이터, AI 경제를 선도하는 한국의 관련 학계, 법조계, 기업, 정부는 물론 국민에게 AI 규제법 이슈에 대한 나침반이 될 수 있기 바란다.

끝으로 본서 출간을 위해 애써 주신 커뮤니케이션북스 출판사에 깊은 감사를 표한다.

2024. 8.

고려대학교 연구실에서 저자 이성엽

01
AI 윤리와 법

인공지능에 대한 규범적인 통제 수단으로서 윤리와 법의 의의와 차이점을 살펴본다. 그리고 어떤 방식이 어떠한 상황에 적절한 것인지 논의한다.

AI와 1인 창업?

윤리와 법의 구별

“사회가 있는 곳에 법이 있다”라는 말이 있는데, 이것은 사회가 있으면 법이 있기 마련이라는 의미다. 즉, 법은 자연의 법칙과는 달리 어디까지나 인간의 사회생활에 관한 규범이라는 점에서 법이 없는 사회란 생각할 수 없다는 것이다.

그런데 법은 국가 속에서 스스로를 관철하기 위해 강제라는 수단으로 뒷받침되는 규범이다. 법에서 강제는 본질적 속성인 것이다. 법은 강제성을 띤다는 점에서 다른 사회적 규범들, 예컨대 도덕이나 종교 또는 관습과 성격을 달리한다. 그러한 강제성으로 인해 법규범은 강력함과 권위를 가지며 따라서 법규범의 행사에는 막중한 책임이 부여된다. 한마디로 말하면 법은 정치적으로 조직된 사회의 강제성을 띤 규범이다.

그럼 법과 윤리는 어떻게 다를까. 법에는 윤리와 일치하는 것도 있고, 전혀 관계없는 것도 있다. 법은 외부적 형태에 관심을 두고, 도덕은 내면적 형태에 관심을 둔다. 단, 이러한 구별은 절대적이지 않다. 법도 인간의 내면적 사항을 적지 않게 참작할 뿐만 아니라, 도덕도 마음속으로만 갖고 있어서는 부족하고 외부적으로 적절히 표현되어야만 통용될 수 있기 때문이다. 구체적으로 법과 윤리를 구별해 보면, 법은 타인을 지향한 규범이요, 윤리는 자기 자신에 대한 규범이다. 법은 규정에 적합한 형태로 충족되지만 윤리는 규범에 적합한 심정이 끝없이 요구된다. 법은 법 복종자에 대해 밖에서 의무 지우는 타자의 의지의 규범이고, 윤리는 고유한 인격의 규범이다.

법학자 게오르크 옐리네크(Georg Jellinek)는 법과 윤리의 관계를 "법은 윤리의 최소한"이라고 표현했는데, 이는 윤리 중 국가의 강제력에 의한 준수가 필요한 규범을 법으로 제정한다는 의미다.

윤리규범의 장점과 한계

문제는 기술 발전에 따른 위험을 규제하는 데서 윤리와 법의 선택이 종종 문제가 된다는 점이다. 윤리는 강제력이 수반되지 않기 때문에 수범자가 스스로 기준을 정하고 이를 준수한다는 면에서 자율적인 규제가 가능한 장점이 있다.

특히, 인공지능과 같은 신기술 발전에서 법적 규제가 아닌 윤리적 규제나 자율적 규제가 불가피한 측면이 있다. 그 이유 중 하나는 법적 규제가 급속한 기술 혁신을 저해할 가능성이다. 혁신이 동태적이며 불확실한 데 반해 규제는 정태적이며 예측 가능해야 하기 때문에, 속성상 법적 규제와 혁신은 이질적이다. 이에 많은 경우 성급한 규제가 기술 혁신으로 인한 사회적 편익을 막는 아이러니가 발생한다.

둘째, 정부의 규제 역량과 정보 취득 능력의 한계다. 복잡하고 급변하는 경제사회에서 글로벌 경제가 보편화되고 시장 권력이 강화되면서 정부의 민간에 대한 정보 취득 능력은 한계가 있고 이는 결국 정부의 규제 역량의 한계로 나타난다. 끝으로 규제의 합리성, 수용성을 증가시킬 필요성이다. 규제가 시장에서 효과적으로 작동하기 위해서는 그 규제가 합리적이어야 하며 동시에 피규제 집단에게 수용성이 있어야 한다.

그러나 이런 윤리적 자율 규제는 기술 발전에 따른 위험이 고도화되거나 현실화되는 경우에는 이를 관리하기 어려운 한계가 있다. 최근 인공지능이 사람과 유사하거나 사람의 능력을 넘어설 정도로 발전하면서 생기는 여러 이슈에 대해 법적 규제가 속속 도입되고 있는 것도 더 이상 윤리 규제만으로는 인공지능 기술을 관리하기 어렵다는 공감대가 형성되고 있기 때문이다.

인공지능 윤리의 법화(法化)

인공지능은 2016년 알파고와 이세돌의 바둑 대결을 넘어 로봇청소기, 인공지능 스피커, 포털의 뉴스 추천, 인공지능 면접 등 우리 생활에 깊숙이 들어와 있다. AI는 사람과 유사한 지능을 가지고 외부에서 입력한 정보 외에 스스로 학습하고, 사물을 인식하고 그에 따라 자율적으로 행동하는 기기라는 점에서 향후 그 활용 가능성과 파급 효과는 엄청날 것으로 전망된다. 아마 인류의 생활에 가장 큰 영향을 미칠 기술이 될 것 같다.

2022년 등장한 생성형 인공지능은 사람만이 할 수 있다고 여겨졌던 창작의 영역까지 침투하고 있다. 즉, 사람의 정신 노동의 상당 부분도 대체할 가능성이 있는 것이다.

이런 인공지능 기술, 알고리즘이 가지는 중요성과 위험성을 감안해 초기에 인공지능 윤리규범 등의 정립에 관한 논의가 진행되었다. 미국 트럼프 대통령은 2019년 2월 인공지능 이니셔티브에 관한 행정 명령을 발동했다. 여기에는 기술 개발, 기술 표준 제정, 노동자의 인공지능 기술 적응 훈련 외에 시민의 자유와 프라이버시 보호, 공공의 신뢰 확보에 관한 규범이 포함되어 있다. 또한 인공지능과 관련해서 각 주에서 자율주행 자동차에 관한 입법이 이루어지고 있다. EU도 2018년 시행된 일반 개인정보보호법에 인공지능에 의한 자동화된 의사 결정을 거부할 수 있는 권리인 프로파일링 거부권을 두고 있으며, 2017년 유럽의회는 인공지능과 로봇 제작자의 윤리 규범, 책임 등을 포함하는 로보틱스에 관한 민법 결의안을 발표했다.

한국도 2007년부터 '지능형 로봇개발 및 보급 촉진법'을 근거로 산업자원부와 로봇산업진흥원 주관으로 로봇 윤리헌장을 제정했다. 2017년에는 과학기술정보통신부와 한국정보화진흥원이 주관이 되어 지능정보사회 윤리 가이드라인 및 지능정보사회 윤리헌장을 제정한 바 있다. 전자는 인간의 존엄성 보호, 공공선의 추구, 인간의 행복 추구를 기본 가치로 하고 실천 원칙으로 투명성, 제어 가능성, 책무성, 안전성, 정보 보호를 들고 있다. 후자는 공공성, 책무성, 통제성, 투명성의 원칙을 제시하고 있다.

이러한 원칙 중 투명성은 정보의 신뢰도를 높이는 중요한 원칙이자 수단이다. 하지만 AI의 알고리즘은 기업의 영업 비밀에 해당하기 때문에 그 공개 범위를 어떻게 정하고 어떤 방식으로 관리하는가가 문제가 된다. 또한 책무성과 안전성의 원칙은 AI의 자율적인 판단과 동작에서 발생할 수 있는 각종 사고에 대한 책임 문제를 명확히 한다는 점에서 중요하다. 또한 AI 알고리즘 기술에 의해 이용자들의 의식적 개입 없이 자동적으로 정보가 수집, 활용되는 사례가 증가하고 있고 익명성을 띠는 정보라 하더라도 데이터 분석에 의해 언제든지 재식별화 가능성을 지니는 등 프라이버시 보호 이슈가 심각하다.

또한 알고리즘에 기반한 선택과 의사 결정이 자유로운 개인의 결정이라기보다 개발자의 성향과 판단, 사회적 편견 등 외부 압력에 의한 결정일 경우 공정성 시비가 생길 수 있다. 또한 개인의 행태 데이터를 수집, 분석해 제공되는 맞춤형 서비스가 오히려 이용자의 선택권을 제한할 우려도 있다

이처럼 국민의 삶에 지대한 영향을 미치는 사항에 대한 기업의 행위 준칙이 가이드라인, 헌장 등 윤리규범으로만 머물고 있는 것에 대한 문제 제기가 확대되고 있다. 특히, 투명성과 영업 비밀의 한계 설정, 책무성의 소재와 범위, 안전성을 위한 표준과 인증 체계의 정비, 프로파일링 거부권 등은 법제화가 필요한 사항이라고 할 수 있다. 윤리규범을 법제화한 '생명윤리 및 안전에 관한 법률'과 마찬가지로 인공지능 윤리규범의 법화를 고민할 필요가 있다.

물론 AI 기술에 따른 사회 변화 양상에 대한 예측이 어렵고 AI 기술 개발과 혁신을 장려해야 하는 경제적, 정책

적 요구도 존재한다는 점도 고려할 필요가 있다. 다만, 이런 우려를 해소하기 위한 내용을 포함한 인공지능 윤리규범의 법화에 대한 공론화 작업이 이루어지고 있다. 이미 EU와 중국이 AI 규제법을 제정, 시행하고 있고 한국도 국회와 정부에서 AI 기본법 제정 논의가 활발하다.

결론적으로 인공지능 규제에서는 윤리와 법 모두 활용될 수 있어야 한다. 인공지능 위험성으로 인한 우려를 해소하고 인간에게 유용한 AI가 되도록 하는 방안을 강구하는 것이다. 그 방안으로는 우선 법적 구속력이 없는 연성규제(soft law)를 고려할 수 있다. 기업 자율적으로 AI가 작동하도록 하는 규칙인 알고리즘을 투명하고 공정하게 설계하도록 하는 것이다. 또한 AI 윤리 교육의 강화도 필요하다. AI 개발자는 물론 제조자, 운용자, 이용자 모두 AI를 인간에게 유용하게 활용하려는 윤리의식을 가져야 한다.

다음은 경성규제(hard law), 즉 법적 구속력이 있는 규제를 도입하는 것이다. 다만, 경성규제를 도입하는 경우에도 생성형 AI에 대해서는 원칙 중심 규제, 네거티브 규제, 국내 규제와 국제 규제의 조화, 위험 기반 규제 등을 고려하며, 결론적으로 위험에 상응하는 규제의 도입으로 생성형 AI기술의 혁신을 저해하지 않는 범위에서 위험 관리가 이루어지는 비례적 규제 원칙을 중요하게 고려해야 할 것이다.

참고문헌

고상원(2023.12.21). “책임 있고 신뢰할 수 있는 AI를 위한 규제동향과 정책방향”, KISDI Premium Report, 2023-11.

이성엽(2019.10.7). [시시비비] 인공지능 윤리규범의 법제화. 아시아경제. https://view.asiae.co.kr/article/2019100709350684463

이성엽(2021.11.18). [시시비비] 자율 규제, 정부규제 그리고 공동규제. 아시아경제. https://view.asiae.co.kr/article/2021111713474604898

최종고(2014). ≪법학통론(제3전정신판)≫, 박영사.

02
AI 규제의 원칙

AI 규제는 신기술에 대한 규제다. 과도한 규제는 혁신으로 인한 소비자 편익을 줄일 수 있으며, 과소 규제는 위험 관리를 어렵게 하므로 적절한 규제 원칙 수립이 중요하다. 특히 생성형 AI가 지니는 가공할 능력과 위험성을 규제하는 경우에도 적절한 규제 원칙이 뒷받침되어야 할 것이다.

AI와 MBTI?

신기술 규제의 일반 원칙

신기술이 개발되고 사회에 도입되는 과정에서 정부 당국은 신기술이 가져올 위험성을 평가하고 이를 제어하기 위한 여러 정책과 규제를 고민하게 된다. 이 중 기술규제 내지 신기술 규제는 기술과 규제가 결합한 개념으로, 기술에 수반하는 위험을 통제하기 위한 정부의 공적 개입이라는 개념을 채택하고자 한다. 비공식적인 윤리적 규제, 기술 촉진적 규제, 비정부기관에 의한 개입이라는 광의의 개념도 가능하지만, 공적 규제 논의가 활발한 AI 분야에 실질적 효용성이 부족해 실익이 크지 않다고 할 것이다.

신기술 규제시 고려할 요소와 신기술 규제의 원칙으로 논의되는 요소들에는 다양한 스펙트럼이 존재한다. 기술의 종류, 혁신의 수준, 기술이 개발 · 사용되고 그에 대한 규제가 이루어지는 장소, 기술 규제를 둘러싸고 제기되는 다양한 시간적 쟁점, 규제의 방식, 규범적 가치관, 가용 지식 등 7가지 요소를 고려해야 한다는 견해가 있다.

또한 신기술 규제에서 당면 과제는 특정 신기술 또는 그 기술을 적용 · 응용한 제품이나 서비스를 시장에 도입하고 사회적으로 수용하기 위해서 규제가 필요한지,

규제가 필요하다면 구체적으로 무엇을, 어느 시점에, 어떠한 방식으로 규제해야 하는지, 그 과정에서 야기되는 다양한 이해 주체들 간의 갈등을 어떻게 조율해야 하는지 등 구체적이고 현실적인 문제들이다. 여기에 관해서는 국내외 여러 신기술 규제 경험 사례로부터 교훈을 도출해, 그것을 기초로 유사 사례에 공통적으로 적용될 수 있는 원칙으로 국민의 신뢰 확보의 원칙, 절차적 정당성 확보의 원칙, 공정한 경쟁 보장의 원칙, 조응적인 규제 수단 활용의 원칙, 사회적 · 윤리적 우려 해소의 원칙, 국제적 조화 모색의 원칙을 제시하는 견해도 있다.

과학기술의 혁신과 규제는 상호 긴장 관계에 있는데, 한편으로 신규 기술의 도입을 촉진해야 한다는 요구와 다른 한편 신규 기술로 인한 위험을 통제하기 위해 신규 기술을 규제해야 한다는 요구가 충돌한다. 신규 기술의 도입을 규제할 것인지, 어떠한 방식으로 규제할 것인지 등은 하나의 일관된 원칙에 따라 정할 수 없으며 상황에 따른 접근이 필요하다. 이때 비례 원칙에 따른 안전과 위험의 개념, 피해 구제 가능성, 실질적 법치주의를 위한 유연한 법 적용, 민주적 참여권 보장 등을 고려해야 한다. 이때 안전성이라는 원칙에 따라 그 정도를 평가해야 하고, 피해 구제 가능성이 없는 경우 혁신을 도입해서는 안 된다.

또한 새로운 과학기술은 본질적으로 과거와 다른 상황에서 등장하며 과거 기술과는 다른 문제를 내포하고 있다. 따라서 법제도는 유연하고 개방적인 구조를 취해야 하며, 의사 결정의 결과에 대한 수범자의 수용성을 강화하기 위해서 의사 결정 과정에 이해관계자의 실질적인 참여가 보장되어야 한다. 한편 신규 기술의 안전성과 편익에 대한 평가는 고도의 전문적 능력을 요구하기 때문에 전문가 그룹의 역할이 보장되어야 하고, 규제 기관의 전문성도 적절히 구비되어야 한다.

정보가 부족하고 불확실한 상황에서는 실험이 최선이라는 전제하에, 4차 산업혁명 시대의 규제 패러다임 전환의 핵심은 먼저 잠정적인 규율 내용이라도 재빨리 담아내는 것이라는 견해도 있다. 이러한 구조의 규제 방향은 현실 맞춤형, 경험 학습적 접근, 증거 기반, 단계적 접근 규제이며, 결국 원칙 중심의 규제 체계를 기반으로 규제 목적과 원칙을 수립하고 규제를 단계화 · 체계화하는 방안과 이러한 과정을 통해 정해진 잠정적인 규율 내용을 담아내면서 규범력을 확보하기 위한 규제 수단이 필요하다는 견해다.

원칙 중심 규제

생성형 AI의 첫 번째 규제 방식은 원칙 중심의 규제(Principle-based Regulation)다. 이는 상세하고 규범적인 규칙에 의존하는 것이 아니라 보다 상위 수준에서 광범위한 규칙이나 기준을 통해 규제하는 방식이다. 특정한 행위에 대한 허용 여부나 제재 여부를 규칙을 통해 확정적으로 정하는 것이 아니라, 일반적이고 추상적인 원칙을 제시하고, 그 원칙의 범위 안에서 유연한 행위 규제를 하는 방식이다. 원칙 중심 규제는 신기술의 발전과 같이 빠르게 변하는 외부 상황에 대응해 규제 공백 내지는 규제 지체를 방지할 수 있다는 장점이 있으나, 구체적인 사안에 대한 예측 가능성이 떨어져 법적 안정성을 저해할 수 있고, 규제의 집행과 관련해 공정성이나 투명성 차원에서 문제가 생길 수 있다.

한편 원칙 중심의 규제 방식을 운용하려면 수범자의 규제 준수 의지가 매우 중요하므로 이를 지원하기 위한 인센티브도 필요한데, 규제 운영 방식으로서 공적 주체가 원칙을 제시하고 그 이행 방식을 시장 행위자의 자율에 맡긴다면 이는 사실상 자율 규제의 다른 표현이 될 수도 있다. 법제가 생성형 AI의 기술 발전 속도에 맞추어 대응하는 것은 어렵고, 그렇다고 사전에 기술, 서비스 발전을 예측해서 규제를 설계하는 것도 어렵다는 점에서 생성형 AI 분야에서 원칙 중심 규제는 유효하다.

다만, 현실적으로 규제가 시도되면 원칙 중심 규제보다는 규정 중심 규제로 갈 가능성이 많다. 대부분의 경우 원칙 중심 규제는 규제의 예측 불가능성이라는 문제를 지니게 되고 이에 따라 수범자는 보다 상세한 규제 내용을 요구하며, 이에 따라 가이드라인 형태의 규정이 등장하게 된다. 가이드라인은 법적 구속력이 없는 것이 원칙이지만, 일정한 법적 행위에 대한 사실상의 세부적인 평가 기준으로 역할을 하면서 실질적으로 법적 구속력을 지니는 경우가 많다. 이처럼 가이드라인의 사실상 법적 강제력이 피할 수 없는 현상이라면 다음으로 중요한 것은 가이드라인에 대한 통제다. 가이드라인의 내용이 법령에 위반되는지, 기업에게 과도한 부담을 주는지 등에 대한 심사가 필요하다.

자율 규제도 원칙 중심 규제의 일환이 될 수 있으며, EU를 제외한 미국, 한국은 자율 규제의 흐름을 보여 주고 있다. 2023년 7월 미국의 구글, 메타, 오픈AI를 비롯한 7개 생성형 AI 업체들이 백악관 주도 모임에 참여해 인공지능 기술로 작성한 콘텐츠에는 워터마크를 넣고 보안 기술 개발에도 투자하는 등 이용자 안전 조치를 취하기로 합의한 것이 그 사례다.

비례적 규제(위험 기반 접근)

여러 규제 원칙들을 포괄하는 가장 중심적인 규제 원칙은 "비례적 규제"다. 이는 AI 기술, 서비스로 인한 편익을 훼손하지 않는 한도 내에서 적절한 위험 관리가 이루어져야 한다는 것이다. 대한민국 헌법 제37조 제2항에서는 "국민의 모든 자유와 권리는 국가안전보장, 질서유지 또는 공공 복리를 위하여 필요한 경우에 한하여 법률로써 제한할 수 있으며, 제한하는 경우에도 자유와 권리의 본질적인 내용을 침해할 수 없다"라고 규정하여 비례 원칙을 천명하고 있다. 또한 행정기본법에도 제10조(비례의 원칙)는 행정작용은 1. 행정목적을 달성하는 데 유효하고 적절할 것, 2. 행정목적을 달성하는 데 필요한 최소한도에 그칠 것, 3. 행정작용으로 인한 국민의 이익 침해가 그 행정작용이 의도하는 공익보다 크지 아니할 것이라고 규정해서 비례적 규제 원칙을 명문화하고 있다. 이처럼 비례 원칙은 모든 국가적 행동의 지배적인 지도 원칙으로서 행정의 모든 영역에 타당한 일반 원칙이라고 할 수 있다.

위험 기반 접근(risk-based approach)도 이런 비례적

규제의 한 형태라고 할 수 있다. 위험 기반 접근을 대표적으로 채택하고 있는 것이 EU의 인공지능법이다. 즉, AI 시스템에 대한 의무는 시스템이 제기하는 위험 수준에 비례하는데, 이 위험 수준을 네 가지로 설명한다. 첫째, 저위험 시스템(Low-risk systems), 둘째, 제한적이거나 최소한의 위험 시스템(Limited or minimal risk systems), 셋째, 고위험 시스템(High-risk systems)은 사용자의 삶의 기회에 중대한 영향을 미칠 수 있는 시스템으로, 이러한 시스템은 엄격한 의무가 적용되며 EU 시장에 출시되기 전에 적합성 평가(conformity assessments)를 거쳐야 한다. 넷째, 허용할 수 없는 위험이 있는 시스템(Systems with unacceptable risk)은 EU 시장에서 판매할 수 없다.

EU 인공지능법이 위험 기반 접근을 채택하고 있는 것은 우선 AI 시스템이 너무 광범위하게 규정되어 있어서, 문제가 없는 AI를 규제 대상에서 제외함으로써 전면적 AI 규제(blanket regulation of all AI systems)로 생길 수 있는 혁신 저해를 방지할 필요가 있기 때문이다. 또한 혁신과 위험의 수준을 비교해 혁신의 이익을 실험적으로 검증하는 규제 샌드박스(regulatory sandbox)와 같은 잠정적인 규제 체계의 도입도 생성형 AI에서는 유용하다. 이미 EU의 인공지능법은 혁신을 지원하기 위한 조치로서 규제 샌드박스를 도입하고 있다.

참고문헌

이성엽(2023). “생성형 인공지능(AI) 규제원칙에 관한 연구”. ≪고려법학≫, 110권.

European Commission. The EU AI Act’s Risk-Based Approach: High-Risk Systems and What They Mean for users. https://futurium.ec.europa.eu/en/european-ai-alliance/document/eu-ai-acts-risk-based-approach-high-risk-systems-and-what-they-mean-users

03
AI와 저작권

AI의 자양분인 데이터에 저작권이 설정되어 있는 경우 사전 이용 허락이 필요하다. 하지만 기계가 대량의 데이터를 학습하기가 그만큼 어려워지는 난점이 있다. 이에 대한 법적 해결 방안을 논의한다.

AI와 난임 극복?

AI와 데이터 사용

생성형 AI의 특성 중 하나는 인터넷에 공개된 대규모의 데이터를 학습한다는 점이다. 크롤링 등의 방식으로 대규모 데이터를 수집하거나 공개된 데이터를 데이터셋으로 구축해 지속적으로 학습을 한다. 그런데 이 과정에서 필연적으로, 데이터의 법적 특성에 따라서는 데이터 이용이 적법한 것인지가 이슈가 된다.

데이터란 존재 형식을 불문하고 타 데이터와 상관관계가 없는 가공하기 전의 순수한 수치나 기호를 의미한다. 이런 데이터 중 일부는 특별한 법적 보호를 받는다. 대표적인 것으로 개인 식별성을 지닌 개인 데이터의 경우 프라이버시 보호를 위해 개인정보보호법 등 특별법에 의한 보호를 받는다. 또한 인간의 사상과 감정을 표현한 창작성이 있는 데이터는 저작권법의 보호를 받는다. 그 외에도 영업 비밀 등에 해당하는 데이터는 부정경쟁방지 및 영업 비밀보호에 관한 법률, 데이터 자산에 대해서는 데이터산업진흥 및 이용촉진에 관한 기본법, 산업데이터에 대해서는 산업디지털전환촉진법의 보호를 받는다.

생성형 AI 모델에서 데이터의 이용 시 학습 대상 데이터에 저작권이 설정된 경우 원칙적으로 저작권자의 사용 허락을 받아야만 적법한 사용이 되지만, 이를 그대로 적용하면 AI 개발이나 서비스 제공이 불가능하므로 이에 관한 예외를 인정하기 위한 논의가 진행 중이다. 그 외 데이터 이용 관계 이슈로는 데이터 크롤링 등이 부정경쟁행위에 해당하는 경우가 있다.

데이터 사용과 저작권 면책

먼저 저작권 관련 이슈인데, 저작권법의 예외를 인정받기 위한 두 가지 법이론이 있다. 첫째, TDM(Text and Data Mining) 면책 규정이다. 이는 정보 분석 등의 목적으로 AI가 데이터를 이용하는 경우에는 저작권자의 저작물을 인공지능 학습용 데이터로 사용할 수 있도록 하자는 것이다. 이미 EU, 영국, 일본 저작권법에 도입되어 있다.

한국은 저작권법 개정안이 제안된 상태다. 저작권법 개정안에는 컴퓨터를 이용한 자동화 분석 기술을 통해 다수의 저작물을 포함한 대량의 정보를 해석(패턴, 트렌드, 상관관계 등의 정보를 추출하는 것)함으로써 추가적인 정보 또는 가치를 생성하기 위한 것으로, 저작물에 표현된 사상이나 감정을 향유하지 아니하는 경우에는 필요한 한도 안에서 저작물을 복제 · 전송할 수 있다고 규정하고 있다. AI는 통계적 특성을 학습하는 것일 뿐 인간과 같이 사상과 감정을 향유하기 위한 목적이 없기 때문에 저작권법 위반 책임을 물을 이유가 없다는 점을 분명히 하고 있는 것이다. 다만, 여전히 창작자 단체를 중심으로 동 입법에 반대 의견이 있으며, 나아가 보상금이나 기금 조성 등이 필요하다는 의견이 있어 입법까지는 난항이 예상된다.

두 번째 법이론은 공정이용(fair use)이다. 공정이용은 형식적으로는 저작물의 복제 등 저작권 침해 행위에 해당하더라도 저작권법의 궁극적인 목적인 '문화의 향상 발전'이라는 목표에 비추어 허용되는 행위를 말한다. 이는 기술 발달과 저작물 이용 환경의 변화로 저작물 이용 형태가 다양해지고 있어, 기존의 제한적 면책 규정으로는 다양한 이용 형태를 둘러싼 이해관계자의 입장을 조정하는 데 한계가 있으므로, 저작권 제한 사유를 포괄할 수 있는 일반 규정을 둘 필요성이 있다는 의견에 따라 도입되었다.

한국의 저작권법은 저작물의 통상적인 이용 방법과 충돌하지 아니하고 저작자의 정당한 이익을 부당하게 해치지 아니하는 경우에는 이용의 목적 및 성격, 저작물의 종류 및 용도, 이용된 부분이 저작물 전체에서 차지하는 비중과 그 중요성, 저작물의 이용이 그 저작물의 현재 시장 또는 잠재적인 시장 또는 가치에 미치는 영향을 고려해 공정이용 여부를 결정하도록 하고 있다. 미국 저작권법에서도 공정이용에 해당하는지 아닌지는 상업 또는 비영리 교육 목적 등 이용의 성격, 저작물의 성격, 저작물을 사용한 정도의 양 또는 상당성, 저작물의 사용이 저작물의 잠재적 시장 또는 가치에 미치는 영향을 분석해 결정된다.

아직 AI의 학습 데이터 이용에 대해 공정이용 여부를 결정한 판결은 없지만, 구글 북스 사례를 참고할 수 있다. 2016년 4월 18일 미국 연방대법원은 이용자에게 도서 검색의 편의를 제공하는 한편 도서 내용의 일부를 공개하는 구글의 도서 디지털 변환 프로젝트인 구글 북스가 공정이용에 해당된다고 판단해 10년간의 저작권 침해 소송을 마무리 지었다. 법원은 구글 북스의 목적이 독자, 연구자 등에게 도서 검색의 편의를 제공하는 데 있다는 점, 소설에 비해 저작권 보호의 필요성이 크지 않은 비소설이 디지털 변환의 주요 대상이라는 점, 도서의 일부만을 열람할 수 있다는 점, 구글 북스가 도서 가치의 재발견에 기여할 수 있다는 점 등을 이유로 공정이용에 해당한다고 판단했다.

최근 챗GPT가 뉴스 기사를 학습데이터로 사용한 것에 대해 저작권 위반이 아니냐는 논란이 미국 내에서 일어나고 있는데, 미국 언론사가 챗GPT를 뉴스저작권 위반으로 제소한 상황에서 향후 법원의 공정이용 여부 판단이 주목된다. 한국도 TDM 면책 규정 도입 전까지는 공정이용 조항의 이용을 고려할 수 있을 것이다.

한국의 AI 저작권 정책은

2023년 12월 문화체육관광부는 <생성형 인공지능(AI) 저작권 안내서>를 발표해 저작권이 있는 데이터의 학습 기준을 제시했다. 주요 내용을 보면 다음과 같다.

첫째, 인공지능(AI) 사업자는 적절한 보상 등의 방법으로 적법한 이용 권한을 확보할 필요가 있으며, 인공지능 사업자는 서비스 제공 시 기존 저작물과 동일·유사한 인공지능 산출물이 도출되지 않도록 저작권 침해 방지 노력이 필요하다.

둘째, 저작권자는 자신의 저작물이 인공지능 학습에 이용되는 것을 원하지 않을 경우 반대 의사를 적절한 방식으로 명시하거나 이를 방지하기 위한 기술적인 조치를 취하는 것이 적절하다. 그 예로는 약관 규정에 명시하거나 로봇 배제 표준을 설정하는 것이 있다.

셋째, 인공지능 이용자는 원하는 인공지능 산출물을 만들기 위해 입력하는 텍스트나 이미지, 오디오 등의 데이터가 타인의 저작권을 침해하거나 침해를 유도하지 않도록 유의해야 한다. 특히 이용자는 인공지능 산출물을 외부로 전송하는 등의 방식으로 저작권을 침해하지 않도록 유의해야 한다.

이 안내서로 인해 인공지능 사업자는 보상 등의 방법으로 이용 권한을 확보하지 않고 데이터 학습을 할 수 없는 것이 되어 그동안의 TDM 면책이나 공정이용 조항 논의는 사실상 무의미해진 측면이 있다.

AI 학습과 크롤링 이슈

크롤링이란 웹사이트에서 공개된 데이터를 수집하는 행위로, 크롤러(crawler)라는 소프트웨어를 이용해 웹사이트에서 자동으로 대량의 데이터를 복제 · 수집한다. 크롤링은 정보통신망법상 정보통신망침해, 저작권법상 데이터베이스권 침해, 부정경쟁방지법상 성과도용 등에 해당할 가능성이 있다. 숙박 플랫폼 간의 크롤링 이슈와 관련해 대법원은 형사 이슈에 대해서는 정보통신망법상 정보통신망침해, 저작권법상 데이터베이스권 침해에 대해 무죄를 선고했지만, 민사 손해배상 이슈에 대해서는 상당한 비용과 시간을 들여서 수집 · 분류 · 갱신한 숙박업소 정보를 무단으로 복제한 것이 공정한 상거래 관행이나 경쟁 질서에 반하는 방법으로 경제적 이익을 침해한 것으로 보고 손해배상을 명했다.

한편 위 판결 이후 신설된 부정경쟁방지법상 데이터 자산의 부정사용 등 행위에 관한 사항(동법 제12조 제3항)에서는 보호되는 데이터를 "데이터 산업법 제2조 제1호에 따른 데이터 중 업(業)으로서 특정인 또는 특정 다수에게 제공되는 것으로, 전자적 방법으로 상당량 축적 · 관리되고 있으며, 비밀로서 관리되고 있지 아니한 기술상 또는 영업상의 정보"에 한정함에 따라 불특정 다수에게 공개된 데이터에 대한 크롤링은 부정경쟁방지법 위반이 아닐 가능성이 높아졌다. 결국 AI에 의한 데이터 크롤링의 경우 법적 리스크가 감소했다고 볼 수 있다.

참고문헌

대법원(2022.5.12). 선고 2021도1533 판결 [정보통신망이용촉진및정보보호등에관한법률위반(정보통신망침해등), 컴퓨터등장애업무방해, 저작권법위반].

문화체육관광부(2023). <생성형 인공지능(AI) 저작권 안내서>.

이성엽(2023.5.11). [ET 시론] 생성형 AI에서 데이터 이용 과제. 전자신문.

https://www.etnews.com/20230511000165
이성엽(2022.8.18). [Tech & Law] 데이터 크롤링과 데이터의 접근, 공유. 조선비즈. https://biz.chosun.com/opinion/expert_column/2022/08/18/V6WM6GPZO5BIDJUSE6RLY6YQ3I/
이성엽 편(2024). ≪데이터와 법(제2전정판)≫, 박영사.
Authors Guild v. Google, Inc., No. 13-4829 (2d Cir. 2015).

04
AI와 개인정보

AI가 학습하는 데이터 중 공개된 개인정보가 있는 경우 프라이버시 침해 우려가 있다. 이에 대한 법적 해결 방안을 논의한다.

AI와 사주?

공개된 개인정보 대상 AI 학습의 적법성

생성형 AI 모델에서 학습 대상 데이터가 개인정보인 경우 정보 주체의 사용 허락을 받아야만 적법한 사용이 되지만, 만약 개인정보가 이미 공개된 경우에는 어떻게 할지가 문제다. 생성형 AI가 인터넷상 성명과 함께 이미 공개되어 있는 사진이나 동영상 등 개인정보를 수집하는 경우, 정보 주체의 동의 없이 그러한 개인정보를 수집하는 것이 적법한지에 대한 것이다.

그동안 공개된 정보의 이용에 대해서는 개인정보보호법상 명문의 규정이 없어 혼란이 있었으나, 2016년 로앤비 사건에서 대법원이 "이미 공개된 개인정보를 정보 주체의 동의가 있었다고 객관적으로 인정되는 범위 내에서 수집 · 이용 · 제공 등 처리를 할 때에는 정보 주체의 별도의 동의는 불필요하다"고 판시함으로써 기준이 제시되었다.

동 판례의 내용을 살펴보자. 수도권 한 국립대학교 교수로 재직 중인 A씨는 2010년 법률정보 제공업체 로앤비가 자신의 사진, 성명, 성별, 출생 연도, 직업, 직장, 학력, 경력 등 개인정보를 수집해 로앤비 사이트 내 '법조인' 항목에 올린 다음 이를 유료로 서비스하자 개인정보를 무단으로 제3자에게 제공한 데 따른 손해배상 청구소송을 냈다. 로앤비는 A씨의 출생 연도는 1992학년도 사립대 교원 명부 등에서, 나머지 정보는 A씨가 재직 중인 대학 홈페이지에 공개된 내용을 바탕으로 수집한 것으로 나타났다.

이 사건의 논점은 비록 공개된 개인정보라도 정보 주체의 동의 없이 이를 영리 목적으로 사용한 것이 법적으로 허용될 수 있느냐에 관한 것이다. 하급심은 개인정보를 유료로 불특정 다수에게 제공한 행위는 개인정보자기결정권을 침해한 불법 행위라고 판단했지만, 대법원 판결(2014다235080)은 달랐다.

우선 개인정보자기결정권 침해에 대해 대법원은 개인정보에 관한 인격권 보호에 의해 얻을 수 있는 이익과 그 정보 처리 행위로 인해 얻을 수 있는 이익, 즉 정보 처리자의 '알 권리'와 이를 기반으로 한 정보 수용자의 '알 권리 및 표현의 자유', '정보 처리자의 영업의 자유', '사회 전체의 경제적 효율성' 등의 가치를 구체적으로 비교 형량해, 어느 쪽 이익이 더 우월한 것으로 평가할 수 있는지에 따라 그 정보 처리 행위의 최종적인 위법성 여부를 판단해야 하고, 단지 정보 처리자에게 영리 목적이 있었다는 사정만으로 곧바로 그 정보 처리 행위를 위법하다고 할 수는 없다고 했다. 그러면서 이 사건의 경우 로앤비 등의 정보 처리자의 '알 권리' 등이 정보 주체의 인격적 법익에 비해 우월하다고 할 것이므로, 로앤비 등의 행위를 원고의 개인정보 자기결정권을 침해하는 위법한 행위로 평가할 수는 없다고 봤다.

다음은 개인정보 수집, 이용, 제공에 동의를 요구하는 개인정보보호법을 위반한 것이냐는 쟁점에 대해 대법원은, 정보 주체가 직접 또는 제3자를 통해 이미 공개한 개인정보는 그 공개 당시 정보 주체가 자신의 개인정보에 대한 수집이나 제3자 제공 등의 처리에 대해 일정한 범위 내에서 동의를 했다고 할 것이며, 따라서 이미 공개된 개인정보를 정보 주체의 동의가 있었다고 객관적으로 인정되는 범위 내에서 수집 · 이용 · 제공 등 처리를 할 때는 정보 주체의 별도의 동의는 불필요하다고 봐야 할 것이라고 판단했다. 이 사건의 경우 로앤비 등이 개인정보를 수집해 제3자에게 제공한 행위는 원고의 동의가 있었다고 객관적으로 인정되는 범위 내라고 봄이 타당하고, 로앤비 등에게 영리 목적이 있었다고 해 달리 볼 수 없다는 점에서 개인정보보호법 제15조나 제17조를 위반했다고 볼 수도 없다고 판시했다.

이 판결로 인해 결국 공개된 개인정보는 영리 목적이 있다고 하더라도 객관적으로 인정되는 정보 주체의 추정적 의사의 범위 내에서 동의 없는 처리가 가능하다고 할 수 있다. 다만, 공개된 개인정보의 성격, 공개의 형태와 대상 범위, 그로부터 추단되는 정보 주체의 공개 의도 내지 목적뿐만 아니라, 정보 처리자의 정보 제공 등 처리의 형태와 그 정보 제공으로 인해 공개의 대상 범위가 원래의 것과 달라졌는지, 그 정보 제공이 정보 주체의 원래의 공개 목적과 상당한 관련성이 있는지 등을 검토해 객관적으로 판단해야 한다는 점에서 실제 동의가 필요한지 여부는 사안별로 검토돼야 할 것이다.

이 판결은 그동안 정보 주체의 개인정보 자기결정권을 보다 강조해 왔던 법원과 정부의 입장에 커다란 전환점을 이룬 것으로 평가된다. 데이터 경제 시대 도래에 따라 데이터 활용의 사회적 요청이 높아진 상황에 부응하는 판결이라고 할 수 있다. 이에 따라 2020년 개정된 신용정보보호법은 신용정보 주체가 스스로 사회관계망서비스 등에 직접 또는 제3자를 통해 공개한 정보에 대해서는 해당 신용정보 주체의 동의가 있었다고 객관적으로 인정되는 범위 내로 한정해 동의 없이 처리할 수 있도록 입법화했다. SNS 등을 통해 공개된 정보를 이용해 신용평가 등을 할 수 있도록 한 것이다.

이러한 판례나 법령을 따를 때 AI의 데이터 학습 과정에서 공개된 개인정보의 수집, 이용은 동의 없이 가능하다고 할 수 있으나, 비금융 분야에도 이에 대한 입법화를 검토할 필요가 있다. 생성형 AI가 개인정보를 수집하는 경우 인간과 달리 개인 식별성이라는 목적을 가지지 않는다는 점도 고려할 필요가 있을 것이다.

최근 정부의 공개 개인정보 처리 기준

2024년 7월 18일 개인정보보호위원회는 생성형 인공지능(AI) 모델 개발 시 활용되는 '인터넷상 공개 데이터'를 안전하게 처리할 수 있는 정부 차원의 기준 <인공지능(AI) 개발 · 서비스를 위한 공개된 개인정보 처리 안내서>를 마련해 공개했다.

공개 데이터는 인터넷상 누구나 합법적으로 접근할 수 있는 데이터로서, 챗GPT 등 생성형 인공지능을 개발하기 위한 학습 데이터의 핵심 원료로 쓰인다. 다만, 인공지능 학습에 공개 데이터가 대규모로 처리되는 상황에서 현행 보호법상의 정보 주체 개별 동의나 계약 체결 등의 조항을 적용하는 것은 사실상 어렵다. 또한 인공지능 학습이 전통적인 개인정보 처리 방식과 다르다 보니, 보호법상의 안전성 확보 조치 등의 규정도 그대로 적용하는 것에 일정한 한계가 존재했다.

이에 개인정보보호위원회는 공개된 개인정보 수집·활용의 법적 기준을 명확히 하기 위해 개인정보보호법 제15조 제1항 제6호, 즉 개인정보 처리자의 정당한 이익을 달성하기 위하여 필요한 경우로서 명백하게 정보 주체의 권리보다 우선하는 경우 개인정보 처리자의 정당한 이익과 상당한 관련이 있고 합리적인 범위를 초과하지 아니하는 경우를 기준으로 삼았다.

위 '정당한 이익' 조항이 적용되기 위해서는, 인공지능 개발 목적의 정당성, 공개된 개인정보 처리의 필요성, 구체적 이익 형량이라는 세 가지 요건을 충족해야 한다. 구체적 내용은 다음 쪽에 나오는 표와 같다.

또한 인공지능 개발 및 서비스 단계에서 어떤 안전 조치를 취하는 것이 적정한지에 대해 기업이 참고할 수 있는 최소한의 기준을 제시하고 있다.

해외 정책 동향을 보면 영국은 2024년 1월 웹 스크래핑을 통해 수집한 데이터를 생성형 인공지능 학습에 사용하는 것에 '정당한 이익'이 인정될 수 있음을 밝히고 의견 수렴 중이며, 프랑스도 2023년 10월 인공지능 학습 목적으로 개인정보 처리 시 '정당한 이익'이 인정되기 위한 기준을 제시했다. 미국에서는 2024년 4월 공개된 정보를 개인정보 범위에서 제외하는 연방 개인정보보호법

표 1 정당한 이익 조항의 적용 요건

요건	주요 내용
목적의 정당성	◆ 개인정보 처리자의 정당한 이익의 존재 • 공개된 개인정보 처리를 통해 개발하려는 AI의 목적·용도를 구체화하여 정당한 이익을 명확화 ※ (예) 의료진단보조, 신용평가, 텍스트 생성·분류·번역 등을 수행하는 LLM 등
처리의 필요성	◆ 공개된 개인정보 수집·이용의 필요성과 상당성·합리성이 인정될 것 ※ (예) 의료진단보조 AI 개발 시 개인의 소득·재산 등 관련 없는 정보는 학습 배제
구체적 이익 형량	◆ 개인정보 처리자의 정당한 이익이 정보 주체 권리에 명백히 우선 • '명백성' 요건 충족을 위해 (i) 정보 주체 권익 침해 방지를 위한 안전성 확보 조치 및 (ii) 정보 주체 권리 보장 방안 마련·시행을 통해 개인정보 처리자 이익이 우선하도록 조치.

제정안(APRA)이 발의되었다.

이번 처리 기준은 비공개 개인정보의 동의 없는 이용에 적용된 정당한 이익 조항을 공개된 개인정보에 적용한 것이지만, 보다 완화된 기준을 제시하지 않음으로써 실제로는 공개된 개인정보 학습이 더욱 어려워질 것으로 보인다.

참고문헌

개인정보보호위원회(2024.7.18). <인공지능(AI) 개발·서비스를

위한 공개된 개인정보 처리 안내서>.
대법원(2016.8.17). 선고 2014다235080 판결.
이성엽(2023.7.31). [Tech & Law] 생성형 AI와 글로벌 프라이버시 보호 규제. 조선비즈. https://biz.chosun.com/opinion/expert_column/2023/07/30/NHAYXPMCRNFWDA2XKCN7DLM3X4/

05
AI와 권리 주체성

AI의 생성물은 인간이 아닌 AI의 창작물이지만 인간만이 권리 주체가 될 수 있다는 법리에 의해 권리 주체성이 부정되고 있다. 이에 대한 논란과 향후 해결책을 논의한다.

AI와 아이돌?

권리 주체가 된다는 의미

A씨는 자신이 키우던 반려견 두 마리를 B협회에 위탁하고 위탁료를 납부했으나, B협회 측에서 위 반려견 두 마리를 다른 유기견으로 오인하고 안락사를 시켰다. 이를 알게 된 A씨는 B협회를 대상으로 자신의 정신적 고통에 대한 위자료를 청구했고, 나아가 반려견 두 마리가 안락사를 당했을 때 느꼈을 정신적 고통에 대한 위자료를 청구하면서 해당 위자료를 자신이 상속하겠다고 주장했다. 이 사안에서 쟁점은 동물인 반려견이 위자료 청구권이라는 권리의 주체가 될 수 있느냐 하는 것이었다.

이에 대해 대법원은 "동물의 생명보호, 안전보장 및 복지증진을 꾀하고 동물의 생명 존중 등 국민의 정서를 함양하는 데에 이바지함을 목적으로 한 동물보호법의 입법 취지나 그 규정 내용 등을 고려하더라도 민법이나 그 밖의 법률에 동물에 대하여 권리능력을 인정하는 규정이 없고 이를 인정하는 관습법도 존재하지 아니하므로, 동물 자체가 위자료 청구권의 귀속 주체가 된다고 할 수 없다. 비록 애완견은 감정을 지니고 있고, 고통을 느낄 수 있으며 때로는 가족공동체 일원으로서 취급받고 있다고 하더라도, 애완견 역시 법적으로는 물건에 불과하므로 애완견의 고통에 대한 위자료 청구권의 주체가 될 수 없다"고 판단했다. 현재로서는 동물은 물건에 해당한다는 판단이었다.

이와 관련해 법무부는 2021년 7월 발표한 민법 일부 개정안에서 동물의 법적 지위를 신설했다. '동물은 물건이 아니다', '동물에 대해서는 법률에 특별한 규정이 있는 경우를 제외하고는 물건에 관한 규정을 준용한다'고 규정했다. 반려동물을 키우는 인구가 늘어나고 있고 이들이 이제는 인간의 정서적 교감의 대상이 되는 시대 상황을 반영한 것이지만, 아직은 동물이 물건은 아니지만 물건으로 본다는 애매한 규정에 머물고 있다. 결론적으로 동물은 아직은 권리 주체가 될 수 있는 자격, 즉 법인격(法人格)이 인정되지는 않는다.

이처럼 권리 의무의 주체가 될 수 있는 능력, 자격을 법인격, 권리 주체성이라고 한다. 현행 민법상 법인격이 인정되는 것은 사람(人)과 법인(法人)뿐이다. 다만, 고대 노예에게는 법인격이 인정되지 않았으며, 외국에서는 동물과 같은 자연물뿐만 아니라 강(江)과 같은 환경, 즉 자연에도 사람과 유사한 법적 지위를 인정한 경우도 있다. 이처럼 법인격은 시대상을 반영하면서 법정책에 따라 달라질 수 있는 탄력적인 개념이라고 할 수 있다.

AI, 로봇은 권리 주체가 될 수 있을까

2018년 뉴욕의 크리스티 경매장에서 오비어스(Obvious)라는 AI 화가가 그린 에드몽 드 벨라미(Edmond de Bellamy)의 초상이 43만 2500달러에 낙찰되는 등 이미 많은 분야에서 인공지능이 창작, 발명을 하고 있다. 그러나 기존 저작권법, 특허법이 권리 주체를 모두 인간으로 한정하고 있기 때문에 AI에게는 권리 능력이 인정되지 않는다. 그렇다면 어떤 조건이 충족되어야 권리 능력이 인정될 수 있을까.

첫째, 스스로 유효한 행위를 할 수 있는 의사 능력과 행위 능력이 있어야 한다. 사람은 스스로 자유롭게 행동하려는 욕구와 의지를 가지고 있으며 이에 따라 자율적인 사고와 행동을 한다. 이 점에서 보면 현재 수준의 AI는 제한된 범위 내에서 인간의 판단을 보조할 뿐 책임의 기초가 되는 인간의 자유의지나 합리성에는 이르지 못하고 있다.

둘째, 법인격 부여의 법정책적 필요성 내지 법적 편의가 있어야 한다. 자연인이 아닌 단체에게 권리능력을 부여하는 법인 제도는 사회적 필요에 의해서 법정책적 결단으로 탄생한 것인데, AI에게도 이와 같은 이유로 법인격이 부여될 필요가 있을까. 근대에 이르러 회사 · 노동

조합 등의 단체는 개인으로는 달성하지 못하는 사회적 기능을 담당하게 되었다. 단체는 다수의 개인으로 구성되어 있으나, 사회적으로는 단일체로 행위하는 것으로 의식되고 있다. 여기에서 법적으로 그 단체 자체에 권리능력을 부여해 단체 자체를 권리 의무의 귀속처가 되게 함으로써 개별 구성원을 초월한 단체의 독립성 · 단일성을 보장한 것이 법인 제도다. 현재로서는 AI가 단일체로서 사회적 기능을 수행하고 있다고 보기 어렵다.

셋째, 사회 현실이 AI를 인격체로 받아들이고 있어야 한다. 반려견과 유사하게 이미 AI나 로봇에게 감정 이입을 하는 경우가 발생하고 있다. 예컨대 미국 로봇기업인 보스턴 다이내믹스는 로봇의 견고함을 보여 줄 목적으로 로봇을 발로 차거나 막대기로 찌르는 동영상을 유튜브에 올렸는데, 일부에서는 이를 학대로 규정하면서 반대하기도 했다. 그러나 감정 이입을 한다는 것만으로 인격을 부여하기에는 부족하다. 고대 로마나 중세 유럽에서는 신과 같은 초자연적 존재와의 공감대를 이유로 인격을 부여했지만, 이와는 사정이 다르다.

2017년 유럽의회는 AI에 '전자인(격)'이라는 법적 지위를 부여할 필요가 있다는 결의안을 통과시켰다. 그러나 전문가들은 AI에 의한 피해 발생은 기존 법규로 해결

할 수 있으며, 오히려 AI에 법인격을 부여하는 것은 로봇 제조자가 책임을 회피하려는 의도라고 비판했다.

결론적으로 아직은 AI에게 법인격을 부여하려는 시도는 타당성이 부족해 보인다. 사람과 사람의 필요에 의해 만들어 낸 법인이라는 존재 외에 AI에게도 법인격을 부여하고 이들과 더불어 살아가는 것이 과연 인간의 존엄과 가치를 해치는 것은 아닌지, 아니면 피할 수 없는 인간의 운명인지, 어떻게 AI를 통제하면서 인간의 이익을 위해 활용할 수 있을 것인지 등의 물음에 답해야 할 시기가 오고 있다.

AI 권리 주체성에 대한 각국의 사례

2019년 11월 스티븐 탈러(Stephen Thaler) 박사는 본인이 개발한 인공지능 DABUS(Device for the Autonomous Bootstrapping of Unified Sentience)의 두 가지 발명을 유럽특허청을 포함해 세계 주요국에 국제특허 출원을 했다. DABUS는 다중 신경망을 연결함으로써 새로운 아이디어를 만들어 냈는데, 그 아이디어는 가치 있으며 참신하다고 판단되는 주제를 발굴할 수 있었다. 탈러는 본인은 일반적인 정보만을 입력한 보조자의 역할을 했을 뿐이고, 인공지능인 DABUS가 이 정보에 기초해 서로 다른 카테고리를 연결하고 필터링함으로써 두 가지 발명의 기술적 사상을 도출했다고 보고, DABUS를 발명자로 기재해 특허 출원을 한 것이었다.

이에 대해 영국 법원은 발명자는 자연인에 한정된다는 이유로 DABUS의 발명자 지위를 부정했다. 영국과 같이 종래 세계 각국의 특허 당국은 발명자를 자연인으로만 해석해 인공지능 발명은 보호하지 않았는데, 호주 법원의 판결은 달랐다.

호주 연방대법원은 AI를 발명자로 불인정하는 최종 판결을 내렸지만, 지난 2021년 7월 30일 이 사건의 1심에서는 AI를 발명자로 인정하는 판결을 내려 주목받은 바 있다. 이의 주된 논거는 다음과 같다. ① 호주 특허법에서 발명자로서 AI를 명시적으로 제외하거나 거절하는 조항은 존재하지 않으며, 나아가 저작권법과 달리 인격권(human author, moral right)의 존재를 요구하지 아니한다는 점, ② 발명자(inventor)라는 단어는 행위자를 나타내는 명사일 뿐이며, 이에 컴퓨터, 콘트롤러 등이 모두 행위자를 나타내는 단어로 사람 또는 물건 모두를 포함할 수 있다는 점, ③ 발명자의 개념은 유연하게 진화할 수 있어야 하며, 기술 혁신과 기술의 이전 및 보급을 통해 경제적 후생을 증진하는 특허법의 목적에 따라 판단해야 한다는 점이다.

한편 2018년 11월 3일 스티븐 탈러 박사는 미국 저작권청에 인공지능이 창작한 '파라다이스로 가는 최근 출입구(A Recent Entrance to Paradise)'라는 제목의 작품에 대한 저작권 등록 신청을 했다. 신청서에 저작자를 '창작 기계(Creativity Machine)'로, 신청인을 '기계의 소유자'인 탈러 박사 자신으로 기재하고, 대상 작품이 '창작 기계가 컴퓨터 알고리즘을 실행해 독자적으로(autonomously) 창작한 것'이라고 설명하면서, 창작 기계 소유자의 업무상 저작물로 등록하고자 했다.

이 신청에 대해 2022년 2월 미국 저작권청 심사위원회는 인공지능이 창작한 미술작품의 저작권 등록을 거절하는 최종 결정을 내렸다. 미국 저작권법상 저작권 보호를 위해 필요한 '인간에 의한 창작물 요건(the human authorship requirement)'이 결여되었다는 이유였다.

한국에서도 문화체육관광부의 <생성형 인공지능(AI) 저작권 안내서>에는 생성형 인공지능 산출물의 저작권 등록은 인간의 사상 또는 감정이 표현된 창작물에 대해서만 가능한바, 인간의 창작적 개입이 없는 인공지능 산출물에 대한 저작권 등록은 불가하다. 단, 인간의 창의적 작업 부분은 예외가 가능하다고 밝히고 있다.

참고문헌

대법원(2013.4.25). 선고 2012다118594 판결.

문화체육관광부(2023). <생성형 인공지능(AI) 저작권 안내서>.

박재경(2024.3.6). "AI는 특허 권리를 부여받을 수 있을까? – 특허법리 분석을 통한 가능성 검토 –", ≪이슈와논점≫, 제2207호, 국회입법조사처.

이성엽(2021.8.12). [Tech & Law] 인공지능도 권리 주체가 될 수 있을까. 조선비즈. https://biz.chosun.com/opinion/expert_column/2021/08/12/BCFISJBDSZAFJC5N4I6WIJMHLI/

이혜영(2022). 미국저작권청(USCO), 인공지능이 만든 저작물 등록 거절, 한국저작권보호원.

McDermott. E.(2021). DABUS Scores Again with WIn on AI Inventorship Question in Australia Court, IP Watch dog. https://www.ipwatchdog.com/2021/08/02/dabus-scores-win-ai-inventorship-question-australia-court/id=136304

06

AI와 알고리즘 규제

AI의 성능 핵심은 문제 해결을 위한 절차, 방법인 알고리즘이며, 따라서 알고리즘 공정성, 투명성 규제가 AI 규제의 핵심인바 이에 대한 논란과 방향성에 대해 논의한다.

AI와 야구?

알고리즘이란

언제부터인가 인터넷 플랫폼은 우리가 좋아할 만한 뉴스, 영화는 물론 쇼핑할 물건까지 추천하고 있는데, 이를 가능하게 하는 것이 인공지능 알고리즘(algorithm)이다. 이는 사전에 잘 정의되어 요구받은 계산 값을 내놓도록 구조화된 계산 절차로, 어떤 문제를 해결하기 위한 절차, 방법, 명령어의 집합이다. 쉽게 말해 사용자가 원하는 결과값을 찾아 주는 과정의 순서도다. 입력 데이터, 출력 정보, 유연하고 명확한 규칙이 있어야만 프로그램 및 하드웨어의 작동이 가능하다는 점이 알고리즘이 중요한 이유다.

다른 정의를 보면 "컴퓨터 혹은 디지털 대상이 과업을 수행하는 방법에 대한 설명으로 명확히 정의된 한정된 개수의 규제나 명령의 집합"(Goffey, 2008: 15), 특정한 값(value)이나 값의 집합을 받아 처리해 또 다른 값이나 값의 집합을 내놓는, 사전에 잘 정의된 계산 절차, 즉 "데이터를 처리하는 규칙"(오세욱 · 김수아, 2016: 17)이라고 본다. 결국 알고리즘의 본질은 조직의 의사 결정을 위한 판단 메커니즘인 것이다.

그런데 알고리즘은 과거로부터 쌓여 온 데이터를 학습하면서 인종 차별, 성 차별 등 역사적 편향성을 반영할 가능성이 매우 높은 것으로 밝혀지고 있다. 예컨대 구글의 온라인 광고가 여성보다 남성에게 더 높은 임금의 직업 광고를 추천하는 경향과, 흑인들에게는 저렴한 상품을 집중적으로 보여 주는 경향이 있다는 연구 결과(Datta et al., 2015)가 대표적 예다.

2016년 5월 미 백악관 "빅데이터: 알고리즘 시스템, 기회와 시민권" 보고서는 인공지능 알고리즘의 잠재적 역기능에 대해 의미 있는 경고와 문제 제기를 했다. 알고리즘이 편향된 결과를 내는 네 가지 요인이 있다고 보았다. 데이터 자체를 잘못 채택한 것, 불완전하고 부정확한 시기에 맞지 않는 데이터, 편향적인 데이터, 역사적인 편향성 등인데, 편향적인 결과를 얻으려고 의도하지 않더라도 데이터의 문제점 때문에 공정하지 않고 편향된 결과가 나온다는 것이다.

알고리즘에 기반한 선택과 의사 결정이 자유로운 개인의 판단과 결정이라기보다 개발자의 성향과 판단, 사회적 풍토, 외적인 압력이 개입한다는 점에서 공정성/책임성/투명성의 끊임없는 문제 제기가 불가피하다. 또한 알고리즘은 '블랙박스 속의 기술'이라는 점에서 눈에 보이지 않게 작동하는 비가시성의 특징(비공개성, 비접근성)이 있다. 즉 데이터와 알고리즘에 접근할 수 있는 권한은 프로그램을 설계하는 극소수의 개발자 및 이를 소유한 초국적 거대 기업 및 일부 국가 권력만 향유하므로 알고리즘 사회에 대한 비판적 관점이 필요하다.

투명성, 공정성의 의미

기업이 자신의 상품, 서비스에 대해 어떤 의사 결정을 할지는 원칙적으로 해당 기업의 자율에 따른다. 그런데 정치권과 정부에서는 알고리즘의 공개 및 검증을 의무화하는 법안을 준비하고 있다. 포털의 뉴스 추천 알고리즘에 대한 정치권의 의심에서 시작해서 이제는 거래 중개 서비스의 검색 · 노출 기준 공개, 정보통신 서비스 제공자의 알고리즘 정부 제출, 인터넷 뉴스 서비스 사업자의 기사 배열 기본 방침 및 구체적 기준 등의 공개로 확대되고 있다.

이런 입법이 필요한 이유는 알고리즘의 공정성, 투명성을 확보하기 위해서다. 공정성이란 알고리즘이 특정 집단 등을 차별하거나 편향된 결정을 하고 있다는 의심을 근거로 한다. 편향성은 알고리즘의 설계자, 운영자의 편향이 알고리즘에 반영돼 편향된 추천 결과를 보여 줄 가능성, 외압 등에 의해 운영자가 임의로 추천 결과를 조작할 가능성 등 의도적인 편향과, 학습 데이터에 포함된 편향된 패턴을 그대로 반영하는 비의도적인 편향으로 구분할 수 있다.

기업의 입장에서 알고리즘은 이용자에게 만족스러운 서비스를 제공하기 위한 최적화 도구이므로 알고리즘을 편향되게 설계해 이용자의 만족도를 떨어뜨릴 유인이 없다. 만약 비의도적인 편향을 시정하기 위해 어떤 특수한 목적을 반영하는 경우 이는 또 다른 불공정 시비를 낳을 수도 있다. 게다가 사회 구성원 모두가 합의할 수 있는 공정성 기준을 제시하는 것은 매우 어렵고, 또한 알고리즘 설계에는 인간의 주관이 개입할 수밖에 없어 애초에 공정성, 객관성과 조화되기도 쉽지 않다. 그나마 쉽게 실행 가능한 것은 기업이 이용자 또는 파트너 들에게 알고리즘의 작동 원리에 대해 충분히 설명하도록 하는 것이다.

다음으로 투명성은 본래 정부, 공공기관 등 공적 임무를 수행하는 주체에게 강하게 요구된다. 공공 부문은 민간의 위임에 따라 권력을 행사하기 때문에 정보의 공개, 시민의 행정 참여를 통해 국민주권을 실현하고 행정의 부패를 방지할 필요가 있기 때문이다. 플랫폼은 민간 기업이지만 영향력이 증가하면서 공공 부문과 유사하게 이용자에 의한 통제 필요성이 높아진 것이 투명성 법제화 요구로 이어지고 있다.

다만, 기업 알고리즘은 대부분 영업 비밀에 해당한다. 따라서 이를 공개하는 것은 영업 비밀을 법적으로 보호함으로써 기업의 연구 · 개발 활동을 촉진하는 것을 목적으로 하는 영업비밀보호제도와 충돌한다. 또한 알고리즘은 수시로 변경되기 때문에 특정한 시점의 알고리즘을 공개하거나 검증하는 것의 실효성도 의문이다.

결론적으로 막대한 영향력을 가진 플랫폼의 AI 알고리즘에 대해 외부 통제가 필요하다는 점은 인정된다. 다만 방법론으로서 정부의 사전적, 법적 규제가 필요한 것인지, 설명 가능성 확보, 이의 제기 등 사후적 법적 규제로도 충분한 것인지, 자율 규제로도 가능한 것인지는 규제의 실행 가능성, 국내 테크기업의 경쟁력 등을 고려해 신중하게 결정돼야 할 것이다.

알고리즘 규제의 사례

국내에서 알고리즘 투명성 규제를 본격 도입한 계기는 2023년 3월 14일 개정된 개인정보보호법 제37조의2로 신설된, 자동화된 결정에 대한 정보 주체의 대응권이다. 그 내용은 "정보 주체는 인공지능 기술을 적용한 시스템을 포함하여 완전히 자동화된 시스템으로 개인정보를 처리하여 이루어지는 결정이 자신의 권리 또는 의무에 중대한 영향을 미치는 경우에는 해당 개인정보 처리자에 대하여 해당 결정을 거부할 수 있는 권리를 가지며, 또한 정보 주체는 개인정보 처리자가 자동화된 결정을 한 경우에는 그 결정에 대하여 설명 등을 요구할 수 있다"는 것이다. 즉, 자동화된 결정에 대한 정보 주체의 대응권은 거부권과 설명 요구권으로 구분되는데, 전자는 정보 주체의 권리 또는 의무에 중대한 영향을 미치는 경우에만 인정되고, 후자는 자동화된 결정 일반에 대해 인정된다.

다만, 거부권은 정보 주체의 동의를 받은 경우, 법률에 특별한 규정이 있거나 법령상 의무를 준수하기 위하여 불가피한 경우, 정보 주체와 체결한 계약을 이행하거나 계약을 체결하는 과정에서 정보 주체의 요청에 따른 조치를 이행하기 위하여 필요한 경우 등에는 인정되지 않는다. 거부권이 행사되는 경우 개인정보 처리자는 해당 결정을 적용하지 않는 조치를 하거나 인적 개입에 의한 재처리를 하고 그 결과를 정보 주체에게 알려야 한다. 정보 주체의 설명 요구를 받은 개인정보 처리자는 해당 결정의 기준 및 처리 과정 등에 대해 설명해야 한다.

한편 공정거래위원회도 빅테크 규제의 일환으로 알고

리즘 규제를 시도하고 있다. 작년 1월 '온라인 플랫폼 사업자의 시장 지배적 지위 남용 행위에 대한 심사 지침'을 제정, 시행하면서 알고리즘 조작 사례에 대해 제재를 하고 있다. 이미 2020년 네이버가 자사 비교쇼핑 서비스 검색 결과에서 자사 판매 상품이 상단에 노출되도록 검색 알고리즘을 왜곡한 행위를 제재한 이후, 2023년 2월에는 카카오T가 자사 가맹 기사에게 유리하게 배차 알고리즘을 운영해 승객 호출을 몰아준 행위를 제재했으며, 최근에는 쿠팡이 알고리즘을 조정해 자사 PB상품을 상위에 노출했다고 보고 이에 대해 과징금 1,400억원을 부과했다.

참고문헌

오세욱·김수아(2016), 『디지털 저널리즘 투명성 제고를 위한 기술적 제안』, 한국언론진흥재단.

이성엽(2021.6.3). [시시비비] AI 알고리즘 규제 논리의 정당성. 아시아경제.
https://view.asiae.co.kr/article/2021060310363035631

이성엽(2024.3.5). [Tech & Law] 국내 최초 본격 AI 규제인 "자동화 결정 대응권". 조선비즈.
https://biz.chosun.com/opinion/expert_column/2024/03/05/PMKVTDFMORB3RBRQDD43PIEIWM/

Datta, A. et al.(2015). Automated Experiments on Ad Privacy Settings, *Proceedings on Privacy Enhancing Technologies,*

1(1).

Goffey, A.(2008). "Algorithm". In M Fuller(ed.), *Software Studies: A Lexicon*. Cambridge, MA: The MIT Press.

07
EU의 AI 규제법 등 주요국의 AI 규제

EU의 AI act는 위험 기반 규제 방식을 채택한 것은 물론 생성형 AI에 대한 규제도 담고 있는 세계 최초의 포괄적인 AI 규제법이다. 그 내용을 포함하여 미국, 중국 등 주요국의 규제와 시사점을 살펴본다.

AI와 윤동주?

EU의 AI act의 내용과 의미

생성형 AI인 오픈AI의 챗GPT를 시작으로 AI가 일상생활에 파고들면서 전 세계 규제 당국도 AI에 의한 위험을 통제하기 위한 규제를 본격화하고 있다. 잘 알려진 대로 EU는 2021년 4월 EU 집행위원회에서 AI 법안의 초안을 발표했고, 2022년 12월에는 각료 이사회에서 수정안을 발표했으며, 챗GPT가 등장한 후인 2023년 5월에는 의회가 수정안을 발표했다. 2024년 5월 EU 이사회 승인 후 공포 · 시행되었다.

주요 내용을 살펴보자. 금지되는 AI는 법 집행 목적으로 공개된 공간에서 사용되는 실시간 원격 생체인식 등 EU의 가치를 침해할 수 있는 매우 유해하고 시민의 안전 · 생명 · 권리에 명백한 위협이 되는 AI 시스템이다. 고위험 AI는 교통 · 수도 · 가스 등 중요 기반 시설, 교육 및 직업 훈련, 고용 · 근로자 관리, 필수 공공 서비스 등에 활용되는 AI 시스템 등 시민의 안전, 기본권 등에 부정적 영향을 끼치는 AI로 시장 출시 전 적합성 평가, 기본권 영향 평가를 받아야 한다.

또한 생성형 AI를 대신해 대규모의 데이터 학습으로 다양한 과업 범위를 수행하는 사람과 유사한 수준 혹은 그 이상의 지능을 갖춘 AI를 범용 AI(General Purpose

AI)로 정의하고 이에 대해서는 기술문서 업데이트, EU의 저작권법 준수, 학습 데이터 요약본 공개 의무를 부과했다.

또한 특정 AI 시스템에 대해 특별한 의무가 부과되었다. 자연인과 직접 상호작용하는 AI는 해당 자연인에게 AI와 상호작용한다는 사실을 알려야 하며, 문자, 이미지, 영상 등 합성 콘텐츠를 생성하는 AI는 결과물이 인위적으로 생성·조작된 것임을 알 수 있도록 하고 이를 기계 판독이 가능한 형식으로 표시해야 한다. 또한 딥페이크를 구성하는 이미지, 음향 또는 영상을 생성하는 AI에 대해서는 해당 콘텐츠가 인위적으로 생성·조작된 것임을 알려야 한다.

이 법은 공공, 민간 등 전 분야를 포괄하는 규제법이자 동시에 구체적인 AI 규율 체계를 제시하고 있으며, EU 역내에 영향을 미치는 모든 분야 AI 시스템 개발 및 활용에 대한 EU 공통의 규율을 법제화하고 있다. 또한 리스크 기반 AI 규제 프레임워크를 구체화하고 있다. 리스크를 금지, 고위험, 저위험, 허용된 위험 등으로 유형화하고 리스크 수준에 따른 차등적 AI 규제 체계를 도입했다. 그 외 범용 AI에 대한 별도의 규제 체계를 도입하고 있다는 점이 특징이다. 또한 EU의 GDPR(General Data

Protection Regulation), DMA(Digital Markets Act), DSA(Digital Services Act), Data Act에 이어 글로벌 빅테크의 EU 침투에 대응하는 법적 체계의 하나라는 점에서 의의가 있다.

이처럼 EU의 AI 법은 금지 · 고위험 AI에 대해서 매우 강도 높은 의무를 부과하고 있으며, 특히, 당초 EU 집행위원회 안에는 포함되지 않은 범용 AI 관련 규제도 포함되어 기업에게는 투자 불확실성 증가 등 상당한 부담이 될 것으로 보인다. 또한 상당수 법 조항이 구체성이 떨어져 광범위한 지침이 필요한 상황이며, 법 시행도 조항별로 최대 3년까지 유예되는 등 기술 발전에 따른 변화도 불가피해 보인다.

게다가 AI 규제 자체가 원자력과 같이 글로벌 규제가 될 가능성이 높은데, 미국, 영국, 중국 등의 AI 패권 경쟁 상황을 고려하면 EU의 AI 법은 글로벌 표준 규범으로서의 역할이 제한적일 가능성이 있다. 그러나 EU 역내에 서비스를 제공하는 모든 AI 기업이 규제 대상이 되므로, 고위험, 범용 AI를 제공하는 한국의 AI 기업도 면밀한 대응이 필요하다.

미국, 중국의 AI 규제

자국의 AI 산업 혁신을 위해 아직 이렇다 할 규제를 도입하고 있지 않은 미국은 행정부에서 2022년 10월 AI 권리장전(Blueprint for AI Bill of Rights), 연방의회 차원에서 2022년 3월 알고리즘 책임법(Algorithmic Accountability Act of 2022)을 수정 발의했다. 다만, 이는 챗GPT 서비스 이전의 규제안으로 아직 생성형 AI에 대한 규제는 아직 가시화되지 않고 있다.

미국민의 보호를 위해 백악관 과학기술정책실에서 작성한 AI 권리장전은 자동화 시스템이 준수해야 할 5대 원칙으로 안전하고 효과적인 시스템, 알고리즘의 차별로부터 보호, 개인정보 보호, 고지와 설명, 대인(對人) 서비스 제공 선언을 제시하고 있다.

알고리즘 책임 법안은 고용, 금융 서비스, 의료, 주택 및 법률 서비스를 포함한 다양한 부문에서 개인의 생활에 영향을 미치는 중요한 결정(critical decisions)을 내리는 "자동화된 의사 결정 시스템"에 대한 영향 평가를 수행하도록 요구하고 있으며, 영향 평가 문서는 연방거래위원회에 제출해야 한다. 영향 평가를 통해 중대한 부정적 영향을 신속히 제거하거나 완화하는 조치를 의무화하고 있다.

2023년 10월 30일,바이든 대통령은 미국 AI 패권 강화를 위해 안전하고 신뢰할 수 있는 AI 개발을 위한 방향성을 규정하며, 미 연방정부 전반의 대응을 요구하는 행정명령(Executive Order on Safe, Secure, and Trustworthy Artificial Intelligence)에 서명했다. 행정명령은 AI의 개발과 활용 기준을 제시하고 있으며, 특히 AI 관련 안전과 보안, 신뢰성 향상을 위한 대응 방안 마련을 포함해 8가지 원칙을 바탕으로 접근하고 있다. 이는 AI의 잠재력을 고려해 AI 개발과 사용을 안전하고 책임감 있게 관리하기 위한 미국 연방정부의 접근 방식이다. 여기에는 AI 안전 및 보안을 위한 새로운 표준, 개인정보 보호, 형평성 및 시민의 권리 보호, 소비자, 환자, 학생들의 보호, 근로자 보호, 혁신과 경쟁의 장려, 미국의 글로벌 영향력 강화, 정부의 AI 사용에 대한 책임이 포함되어 있다.

미국과 AI 분야 경쟁을 하고 있는 중국은 생성형 인공지능 서비스 관리 잠정 방법을 2023년 4월 11일 발의해서 8월 15일부터 시행해 세계 최초로 법적 규제를 시행했다. 생성형 AI의 건전한 발전, 표준화된 적용 촉진, 국가 안보와 사회 공공 이익 수호, 권익 보호를 목적으로 제시하고 있으며, 생성형 AI 서비스 제공, 이용 관련 관리 감독 체계, 기술 개발 촉진, 데이터 처리, 데이터 라벨

링 및 학습 규제, 차별 방지, 개인정보 및 미성년자 보호, 컨텐츠 규제, 보안 평가 등 총 24개 조항으로 구성되어 있다.

미국과 중국은 가장 대비되는 AI 규제를 도입했거나 할 계획이다. 미국이 자국 AI 산업의 진흥을 위해 규제를 제한하고 있음에 비해, 중국은 생성형 AI에 대해 "사회주의 핵심 가치의 반영"이라는 목표하에 콘텐츠 규제, 차별 규제, 저작권, 초상권, 명예권, 개인정보 보호 등 광범위한 규제를 도입하고 있다. 다만, 양자 모두 기술 패권 전쟁에서 승리하기 위해 보안(security)을 강조하고 있는 점은 동일하다. 즉, 경제 산업 안보, 국가 안보 차원에서 AI 규제를 다루고 있다.

한국의 AI 규제

한국은 그동안 AI 산업 진흥 정책에 초점을 맞추되, 규제 문제는 윤리, 가이드 등 연성규범으로 충분한 것으로 보았다. 그러나 최근 국내 AI 산업의 경쟁력이 상당히 취약하다는 점에서 조속히 법적으로 산업 진흥을 뒷받침할 필요가 있으며, 동시에 최소 규제로서 고위험 AI의 신뢰성 및 안전성 확보 조치, 생성형 AI의 고지, 표시 의무를 포함하는 법제를 마련할 필요가 있다는 지적이 계속되었다.

2024년 시작된 22대 국회에서 'AI 기본법'은 6건이 발의됐다. 지난 21대 국회에서 논의된 AI 기본법 명칭은 '인공지능산업 육성 및 신뢰 기반 조성에 관한 법률안'이다. 이번에 발의된 법안 6건에도 '육성', '발전', '개발' 등 AI 산업을 지원하는 방향의 내용이 담겼다.

법안별로 차이는 있지만, 신뢰 기반을 마련하기 위해 공통적으로 대통령 혹은 국무총리 소속의 국가인공지능위원회를 설치하고, 경쟁력 강화를 위한 인공지능정책센터 및 협회를 세운다는 것이 골자다. 특히 민주당 조인철 의원이 대표 발의한 '인공지능산업 육성 및 신뢰확보에 관한 법률안'은 AI에 활용되는 데이터의 활용을 촉진하기 위해 실증 규제 특례를 운영한다는 내용이 포함됐다.

다만 '규제'에 관한 견해는 다소 차이가 있다. 법안에서 사람의 생명과 신체의 안전과 기본권의 보호에 영향을 미칠 수 있는 영역에서 활용되는 AI가 '고위험 영역 AI'로 정의됐다. 이러한 고위험 AI에 대해 고지할 의무를 부여하고, 사업자의 책무를 규정했다. 생성형 AI에 대한 규제도 새롭게 포함됐다. 소리, 그림과 영상 등 결과물을 다양한 자율성의 수준에서 생성하도록 만들어진 AI

를 '생성형 AI'로 규정했다. 발의된 법안 6건 중에서 절반인 3건이 생성형 AI에 대해 고지 및 표시 의무를 규정했다.

최근 여러 부처에서 별도의 AI 규제를 진행하고 있는 것은 최소 규제 원칙을 넘어서 혁신을 저해할 우려가 있다는 점을 유의해야 할 것이다. 우선 AI 혁신과 신뢰 기반 조성을 위한 기본 법제부터 논의할 필요가 있다.

참고문헌

유계환·김윤명(2024.4.29). "주요국의 AI 규제 동향 및 시사점 – 생성형 AI 서비스 제공자의 책임을 중심으로 –", ≪IP Focus≫, 2024-06호.

이성엽(2021.6.11). [이성엽의 IT프리즘] 또 앞서가는 EU의 AI 규제법안. 뉴스1. https://www.news1.kr/it-science/general-it/4336227

이성엽(2023.8.31). [Tech & Law] 주요 국가의 AI 규제의 차이점과 시사점. 조선비즈. https://biz.chosun.com/opinion/expert_column/2023/08/31/UESXE2ZKXFGDVLAT6KZWSXFZ2Y/

08
AI와 사이버 보안

AI는 영업 비밀이나 개인정보 유출의 수단으로 이용될 수도 있고 사이버 보안의 수단으로 이용될 수도 있는 양면성을 지니고 있다. 이에 대한 논란을 정리한다.

AI와 한의학?

AI와 사이버 보안의 관계

2023년 5월 22일 미국 국방부 영내에서 폭발 사고가 발생했다는 사진 게시물이 SNS를 통해 확산됐다. 이 게시물은 트위터에서 유료 인증을 받은 한 계정에 처음 게시됐고 이후 러시아 관영매체인 RT가 "펜타곤 근처에서 폭발이 일어났다"며 사진을 트윗했고, 유명 블로거 등이 연이어 '펜타곤 근처 폭발'이라는 설명과 함께 사진을 게시하면서 온라인으로 퍼졌다. 사진이 유포된 몇 시간 사이 미 금융시장은 일시적으로 출렁였고, 안전자산인 미국 국채와 금값은 상승했다. 이 사진은 생성형 AI가 만들어 낸 것이었다.

또한 최근에는 사이버범죄에 특화된 생성형 AI가 발견됐다. 이메일 보안 기업인 슬래시넥스트(SlashNext)가 사이버범죄 포럼에서 생성형 AI 범죄 도구 '웜GPT(WormGPT)'를 발견했다고 밝혔는데, 이에 따르면 웜GPT는 챗GPT와 비슷한 형식의 챗봇으로 개인화된 피싱(phishing), 비즈니스 이메일 침해 공격 등 사이버범죄를 쉽게 실행하기 위해 만들어졌다. 이처럼 생성형 AI의 확산으로 사이버 보안의 위협 요소가 크게 증가하고 있다.

AI 기술과 사이버 보안의 관계는 크게 두 측면에서 살펴볼 수 있다. 첫째는 AI 기술을 이용해 사이버 보안을 강화하는 경우이며(Security by AI), 둘째는 AI 기술이 사이버 공격에 이용되는 경우다(Cyber attack by AI). AI 기술을 사이버 보안에 이용하는 대표적인 예가 AI 기반 보안 관제다. 사람이 하루에 수백만 건에 달하는 보안 위협을 분석하는 것은 불가능한데, AI 기술은 사람의 개입 없이 보안 사고로 이어질 가능성이 큰 보안 위협을 찾아내서 해당 위협의 원인과 추후 공격 양상 그리고 잠재적인 공격자 등을 식별하는 데 이용될 수 있다. 사이버 위협이 급증하며 보다 고도화되는 양상에서 AI를 활용해 양적, 질적으로 더욱 심화되는 상황인바 사이버 보안에서 AI를 도입해 효율성을 높여 AI로 촉발되는 위험에 대응할 필요성이 있다.

다음으로 AI를 이용한 사이버 공격의 경우, AI가 공격 대상 조직의 정보 시스템의 취약성을 찾고 이 취약성을 이용한 공격 방법을 찾아 사이버 공격을 감행하는 데 이용된다. 자동화된 대규모 공격을 감행하기 위한 공격 수단을 개발하는 것이다. AI의 모델, 학습 데이터, 어플리케이션 등 AI 아키텍처 전반에 대한 사이버 보안 필요성이 증가하고 있으며, 생성형 AI를 포함한 AI 전반에서 안전, 신뢰성과 함께 보안의 중요성이 선결 과제로 부각되는 상황이다.

생성형 AI에 따른 보안 위협의 증가

생성형 AI의 출현으로 비전문가에 의한 사이버 공격이 훨씬 쉬워졌다. 공격 측면에서 보면 챗GPT를 활용해 악성 도구를 개발하는 사례가 확인되고 있다. 생성형 AI가 자연스런 언어 능력을 가짐으로써 피싱 메일이 증가할 수 있다는 것이다. 게다가 번역 능력은 해외 공격자의 언어적 한계를 극복할 수 있게 한다. 또한 생성형 AI는 코딩 능력이 매우 우수한 것으로 알려져 있다. 이에 전문지식이 부족한 공격자도 랜섬웨어와 같은 악성코드 생성, 웹페이지 공격 수단 검색, 취약점 분석, 공격 스크립트 생성을 통해 해킹 공격을 할 수 있다.

한편 이용자 측면에서는 질문(prompt)에 개인정보나 영업 비밀을 포함함으로써 보안상 심각한 문제를 일으킬 수 있다. 이에 따라 기업이나 공공기관들이 챗GPT 사용을 금지하는 사례가 증가하고 있다. 또한 보다 근본적 문제로 생성형 AI 모델의 신뢰성에 타격을 주는 경우가 있다. 딥페이크와 같은 가짜 영상을 쉽게 만들어 사회적 혼란을 초래할 수 있으며, 또한 학습 데이터를 조작해 AI 모델의 정확도를 낮추거나 오류를 유발하는 데이터 오염 공격으로 인해 신뢰성을 해칠 수 있다.

사이버 보안 위협에 대한 대응 방향

생성형 AI의 사이버 보안 위협에 대응하는 방안으로는 첫째, 조직 내 AI 활용 시 AI 관련 여러 위험 요인들이 발생할 수 있어 AI의 라이프사이클에 따른 위험 관리와 리스크 경감 방안에 대한 고려가 필요하다. 조직 내부 차원에서 AI의 공격에 대비해 광범위하고 정기적으로 보안 환경을 업데이트하고, 직원들에게 공격자들이 사용하는 전술을 교육해 항상 보안에 유의하도록 해야 한다. 특히, 개인정보를 노린 피싱 공격이 가장 많은 만큼 경영진이나 비즈니스 관계자를 사칭한 외부 이메일이 도착했을 때 자동으로 경고하는 시스템을 갖추어야 할 것이다.

둘째, 생성형 AI가 만들어 내는 콘텐츠의 환각 현상과 가짜뉴스, 딥페이크를 방지해야 한다. AI가 학습하는 데이터가 편향되거나 오염될 수 있으며 데이터에 의해 환각을 일으킬 수 있기에 AI 학습 데이터에 대한 보안과 관리가 필요하다. 가짜뉴스와 딥페이크 등은 현재 기술로서는 원천적으로 막기 어려운 것이 현실이다. 딥페이크 등 AI에 의해 만들어진 컨텐츠와 실제 컨텐츠 간 구분을 위해 AI 생성 콘텐츠 워터마킹 기술, AI 생성 여부 탐지

기술 등 대응 방안 마련이 필요하다. 나아가 이용자의 AI 리터러시를 배양하는 것이 대안이지만, 법적 규제에 대해서도 고민할 필요가 있다. 특히, 사회적, 국가적 법익을 침해하는 가짜뉴스의 경우 규제의 공백이 있는바 이에 대한 사회적 논의가 필요한 시점이다.

셋째, 생성형 AI에 대한 가이드라인 제정이다. 이미 지난 6월 국정원은 생성형 AI 기술을 안전하게 이용하기 위한 보안 수칙으로 비공개 · 개인정보 등 민감 정보 입력 금지, 생성물에 대한 정확성 · 윤리성 · 적합성 등 재검증, 생성물 활용 시 지적재산권 · 저작권 등 법률 침해 · 위반 여부 확인, 연계 · 확장 프로그램 사용 시 보안 취약 여부 등 안전성 확인, 로그인 계정에 대한 보안 설정 강화 등을 제시한 가이드라인을 배포했다. 또한 행정안전부도 지난 5월 챗GPT 사용 시 주의사항을 담은 안내문을 기관에 배포했다. 해당 안내문에는 의사 결정이 완료되지 않았거나 공표되지 않은 정보는 생성형 AI에 입력하지 않을 것과 행사 참석자와 민원인들의 정보와 같이 업무 처리 과정에서 수집한 개인정보도 챗GPT와 공유하지 않을 것을 명시했다. 챗GPT의 답변의 진실성도 유의사항으로 제시됐다. 민간 분야에 적용 가능한 가이드라인도 마련할 필요가 있다.

끝으로 사이버 안보 거버넌스 정비가 시급하다. 현재 사이버 공격이 벌어지면 공공 부문은 국가정보원, 민간은 과학기술정보통신부가 맡는 식으로 시스템이 이원화돼 있다. 더욱이 공공 부문은 대통령 훈령인 국가 사이버 안전관리 규정에 근거하고 있어 법적 근거마저 미흡하다. 비록 2015년부터 대통령실 내 국가안보실이 컨트롤타워 역할을 하고 있지만 아직 단일한 통합법에 의한 대응이 이루어지지 않고 있다. 미국이 2015년 사이버안보법을 제정했고, 일본도 2014년 사이버시큐리티기본법을 제정한 것과 비교된다.

우리도 국가 차원의 종합적인 사이버 위협 대응 체계를 구축해 사이버 공격을 예방하고 사이버 공격 발생 때 국가의 역량을 결집해 신속히 대처하려면 조속히 사이버안보법을 제정할 필요가 있다. 2022년 11월 국가사이버안보기본법안이 제안된 이후 아직 입법화가 지지부진한 상황이다. 동 법안은 대통령 소속 국가사이버안보위원회의 위원장을 국가안보실장이 맡는 등 국가안보실이 컨트롤타워 역할을 하고 여러 중앙 행정기관이 역할을 분담하도록 하고 있다. 조속히 사이버안보법제가 마련되어 사이버 위협에 대한 체계적 대응이 이루어지도록 해야 할 것이다.

집을 나설 때 현관문을 잠그는 것이 당연한 일상인 것처럼 사이버 공간에서의 보안도 이제 당연한 것으로 받아들여야 하지만, 아직 조직의 리더는 물론 일반 국민도 보안 의식이 부족한 상황이다. 아마도 아직은 사이버 공격의 피해가 사회 전반으로 확대된 경험은 없었기 때문일 것이다. 그러나 점점 강화되는 사이버 공격이 물리적 피해로 이어지고 그 규모도 전 국민의 피해로 확대되지 않도록 사전에 철저한 대비가 필요하다. 또한 생성형 AI 시대를 맞아 AI를 이용한 보안 기술의 발전이라는 긍정적 효과를 극대화할 필요가 있지만, AI를 이용한 사이버 공격이라는 부정적 효과를 최소화하기 위한 노력도 중요하다.

참고문헌

국정원(2023.6.29). 챗GPT 등 생성형 AI 활용 보안 가이드라인.

이성엽(2022), "국가 사이버안보 법제와 거버넌스의 바람직한 정립 방향－미국의 사례와 한국의 시사점을 중심으로－", ≪행정법연구≫, 제67호.

이성엽(2023.7.26). [이성엽의 IT프리즘] 생성형 AI와 사이버보안. 뉴스1. https://www.news1.kr/it-science/general-it/5118607

09
AI와 리걸테크

법률 분야의 AI 도입은 법률 서비스의 생산성, 소비자의 사법 시스템에 대한 접근성을 제고하는 긍정적 효과가 있다. 반면 일자리 대체, 오류나 편향성 등의 부정적 측면도 있다. 이에 대한 논란과 향후 과제를 논의한다.

AI와 화장품?

리걸테크와 법률 AI의 발전

2022년 11월 대화형, 생성형 AI인 챗GPT 등장 이후 여러 산업의 변화가 예상되지만, 특히 큰 변화를 겪을 것으로 예상되는 분야가 법률 산업이다. 이와 관련 생성형 AI가 법률 업무를 획기적으로 바꿀 것이라는 영국의 시사주간지 ≪이코노미스트≫의 보도가 눈길을 끈다. 생성형 AI는 키워드 검색을 없애고 직접 답변을 하는 등 더욱 강력한 도구가 되었다. 이제 변호사들이 법률 검색 사이트를 찾는 대신 한 번의 클릭으로 법적 결론을 내릴 수 있게 되었다는 것이다.

또한 ≪이코노미스트≫는 세 방면에서 법률 업무의 변화를 예상했다. 첫째, 생성형 AI가 대형 로펌의 인력 우위를 떨어트린다고 보았다. 대형 로펌은 복잡한 사건에 대해 많은 변호사를 투입해서 대응하는데, 이제 소형 로펌도 수백만 페이지의 문서를 AI에 업로드하고 검토할 수 있게 된다는 것이다. 둘째, AI가 로펌의 수익 체계를 바꿀 수 있다고 봤다. 현재는 변호사들이 상담과 법률 자문 등에 투입한 시간에 따라 보수를 청구하지만, 이제는 법률 업무를 몇 초 만에 처리하는 AI로 인해 정액제 방식으로 변경하거나, 아니면 AI 사용의 대가로 기술료를 청구할 수도 있을 것이라는 주장이다.

끝으로 변호사 수요도 달라진다고 보았다. 12명의 고용 변호사가 각각 50시간씩 해야 하는 작업을 AI가 20초 안에 수행할 수 있다면 대형 로펌은 수십 명의 고용 변호사를 둘 필요가 있을지 의문을 제기할 것이다. 또한 현재 대형 로펌에서 고용 변호사와 파트너의 비율이 7대 1 수준을 유지하고 있는데, 이 비율이 동등해질 수 있다고 설명했다.

미국 스탠포드대학교 인간중심인공지능연구소도 생성 AI는 개인의 사법 접근성 문제, 법률 대리인의 업무 처리, 판사의 판결 등을 보조할 잠재력을 보유하고 있으며, 개인은 생성형 AI를 통해 필요한 법률 문서를 준비하고, 변호사는 법률 연구와 문서 작업, 판사는 판결의 정확성과 효율성을 개선할 수 있다고 보았다.

리걸테크와 법률 AI의 필요성

2021년 5월 코리아스타트업포럼이 전국 18세 이상 남녀 1,026명을 대상으로 진행한 조사에 따르면 주변에 "아는 변호사"가 있는지를 묻는 질문에 62.6%가 "없다", 20.1%가 "1명 안다"로 대답했다. 같은 달 19일 조수진 국민의힘 의원실의 대법원의 민사 본안 및 형사사건 변호인 선임 자료에 따르면, 2016년부터 2021년 3월까지 민사 본안소송 1심에서 원고와 피고 모두 변호사를 선임하지 않은 나 홀로 소송 사건은 전체 495만 827건 중 360만 482건으로 전체 민사소송의 72.7%에 이른다. 국선변호인이 있는 형사소송에서도 변호사 없이 소송하는 비율이 같은 기간 전체 133만 7459건 중 61만 3091건(45.8%)으로 절반에 육박하는 것으로 나타났다.

이처럼 변호사 3만 명 시대에도 여전히 일반 국민에게 법률 시장의 문턱은 높다. 법률 서비스에 대한 접근성을 확대하기 위한 노력으로 주목받는 것이 법과 기술을 결합한 리걸테크(legal tech)다. 리걸테크의 주요 서비스로는 의뢰인과 변호사를 연결하는 중개 플랫폼, 판례 검색 등 법률 정보 제공, 법률 문서 작성의 자동화, 법률 자문, 전자증거개시(e-Discovery) 등 분쟁 해결 시스템 서비스, 알고리즘을 통한 자동화된 법률적 의사 결정 등이 있다.

리걸테크는 판례 검색, 법률 업무 솔루션 제공 등을 통해 변호사의 업무 생산성을 향상시키는 장점이 있지만, 리걸테크가 더 빛나는 점은 법률 소비자의 권리를 보호하고 편익을 증진하는 효과다. 구체적으로 보면 다음 세 가지 효과가 있다.

첫째, 리걸테크는 기존 법률 서비스 시장에 비해 접근

성이 높고 가격이 저렴해 피해 구제에서 소비자의 선택권을 넓혀 줄 수 있다. 리걸테크 플랫폼이 제공하는 서비스는 지리적 제약 없이 24시간 동안 온라인상으로 이용할 수 있으며, 또한 기존 변호사에 비해 합리적인 가격으로 서비스를 제공받을 수 있다.

둘째, 리걸테크는 기존 법률 시장에 존재하는 비용의 장벽을 낮춤으로써 법률 소비자의 사법 시스템에 대한 접근성(access to justice system)을 높일 수 있다. 특히, 해외 리걸테크 플랫폼은 다수의 소액 피해를 입은 법률 소비자들의 피해 구제에 기여하고 있다. 이전까지 이와 같은 사건은 사실 관계의 정리에 드는 노력과 비용은 막대함에 비해 소가가 작아 법률 구제가 이뤄지지 못했다. 이제 리걸테크를 통해 법률 서비스 소외 계층에 대한 권리 구제가 가능해진 것이다.

그 외에도 리걸테크는 '인간' 변호사의 오류를 줄임으로써 법률 자문 서비스의 질적 향상에 기여할 수 있다. 변호사는 사실의 인식에 대한 오류 가능성, 외부 요인에 의한 판단의 착오 등에 의해 영향을 받을 수 있으나, 리걸테크는 이런 한계를 극복할 수 있다.

리걸테크와 법률AI 과제

리걸테크에서 앞서 가고 있는 미국과 독일, 일본에서는 산업 발전에 제도적 지원이 있었다. 기존 법조계가 여러 법제도를 개정함으로써 법률 산업의 혁신과 법률 소비자의 사법 시스템에 대한 접근성을 제고해 리걸테크와 상생을 도모하고 있다는 점을 참고할 필요가 있다.

미국은 리걸테크 기업의 숫자가 2016년 1,100여 개에서 2020년 1,887개로 늘었고, 특히 법률 서비스에 AI와 빅데이터 기술이 도입되면서 리걸테크 스타트업이 급속히 성장하고 있다. 전통적으로 높은 변호사 비용으로 인해 법률 서비스 접근이 어려운 점과 사법제도의 필수 절차인 디스커버리 제도가 'e디스커버리 제도'로 변화함에 따라 리걸테크의 효용성이 증가하고 있다. 전자증거개시 분야의 리걸테크는 인공지능을 사용해 수많은 문서 중 필요한 정보를 찾아 줌으로써 승소 가능성을 높이고 소송 비용을 줄여 준다.

대륙법 국가로서 한국 법학에 가장 큰 영향을 끼친 독일은 변호사법 외에 법률서비스법을 제정해 리걸테크 기업의 법률 시장 참여를 촉진하고 있다. 항공, 기차 등 소액 다수 소비자 피해 사건에서 리걸테크 기업들은 표준화된 자동 처리 시스템을 이용해 분쟁을 해결하고 있으며, 법률서비스법에 따라 허가를 받아 채권 추심 서비스도 제공하고 있다. 일본의 경우 리걸테크 기업 총 60여 개 중 유니콘 기업은 2개다. 특히 2005년 설립된 리걸테크 플랫폼인 벤고시닷컴은 일본 변호사의 절반이 가입해 있다. 2023년 8월 일본 법무성이 AI 기술을 활용한 리걸테크 기업이 합법적으로 사업을 영위하기 위한 가이드라인을 발표한 이후 AI 계약서 심사 서비스 등 신기술 출시가 활발하다.

한국은 우수한 법조인을 보유하고 있고 AI 분야 강국임에도 리걸테크 분야에서는 아직 걸음마 단계다. 유니콘 기업은 물론 아직 법제나 가이드라인은 없고 법조 직역과 리걸테크 간 갈등의 골도 깊다. 다만, 최근 국회에서 "리걸테크 산업진흥 및 이용촉진에 관한 법률안"이 발의되었고, 법무부도 가이드라인을 준비하고 있다는 점에서 향후 귀추가 주목된다.

사실 법률 분야의 AI 도입은 양면성을 지닌다. 법률 분야는 법조문, 판례, 법이론 등이 공개되어 있는데, 법적 결론이 대부분 선례에 구속된다는 점에서 생성형 AI의 결론이 타당할 가능성이 높아 활용도가 매우 높을 수 있다. 하지만 한편으로 법적 결정은 사람의 생명, 신체, 재산에 관한 결정이라는 점에서 아무리 기계인 AI의 결론이 타당성이 높다고 하더라도 인간의 최종적 개입이 불가피하다.

결론적으로 인간의 최종적 개입과 책임 귀속을 전제로 법률 AI를 최대한 활용할 수 있는 유연한 법 해석이 필요하다. 법 해석의 한계를 넘어서는 경우 입법적 개선도 필요하다. 또한 판례 공개의 확대, 생성형 AI 기술의 발전, 데이터 학습을 위한 면책 규정의 도입 등 법률 AI 산업 발전을 위한 조치를 고민해야 한다.

인쇄술이 법이론의 엄청난 확산을 가져왔고, 인터넷이 법률 정보의 대중화를 가져온 것처럼, 이제 AI는 법률가라는 전문직의 생산성을 엄청나게 향상시키는 것은 물론 법률 소비자의 사법 시스템 접근을 획기적으로 제고하게 될 것이다. 이런 기술 변화를 일자리 대체 차원에서만 이해해서는 안 된다. 우리 사법 시스템도 AI를 맞이하고 수용할 준비를 해야 한다.

참고문헌

이성엽(2020.8.13). [시시비비] 디지털 플랫폼과 리걸테크(Legal Tech). 아시아경제.
https://view.asiae.co.kr/article/2020081317082292553

이성엽(2022.4.26). “아는 변호사 없다” 62%인데...선진형 리걸테크, 규제로 막나 [Law談 스페셜 이성엽]. 중앙일보.

https://www.joongang.co.kr/article/25066362
이성엽(2024.4.29). [이성엽의 IT프리즘]AI는 법률상담을 할 수 있을까. 뉴스1.
https://www.news1.kr/it-science/general-it/5399464
이성엽(2024.7.13). [이성엽의 테크프론티어] AI 만난 리걸테크의 미래. 서울경제.
https://www.sedaily.com/NewsView/2DBQ314VTS
The Economist(2023.6.6). Generative AI could radically alter the practice of law.
https://www.economist.com/business/2023/06/06/generative-ai-could-radically-alter-the-practice-of-law
Human-Centered Artificial Intelligence, Stanford University(2022). Artificial Intelligence(AI) Index Report 2022.

10
AI와 허위 정보

AI는 딥페이크 등의 기술을 통해 가짜 뉴스 등 허위 정보를 생성하는 수단으로 이용될 수 있다. 그 현황과 향후 과제에 대해 논의한다.

종교와 AI?

허위 정보와 표현의 자유

넷플릭스가 2020년 9월에 방영한 다큐멘터리 <소셜 딜레마(Social Dilemma)>에서는 페이스북, 인스타그램 등 SNS 플랫폼 기업이 이용자들의 온라인 활동 내역을 분석하고 이용자의 성향에 맞춘 광고를 노출해 상품 구매를 유도한다고 한다. 이런 과정을 지배, 통제하는 것이 사람이 아니라 AI인데, AI는 이용자의 흥미를 유발하는 가짜뉴스를 추천한다. 중요한 것은 이용자의 관심사일 뿐 정보가 사실인지는 중요하지 않다. 이것이 반복되면 AI가 제공하는 사실만을 진실로 믿게 된다. 더 큰 문제는 믿고 싶은 정보만 믿고 상대를 배척하면서 좌우의 극심한 대립이 나타나고 이에 따라 토론과 대화를 통해 최적의 대안을 마련하는 민주주의가 파괴된다고 지적한다.

사실과 다른 정보, 소위 가짜뉴스가 다양한 매체를 통해 확산되면서 이념별, 성별, 연령별 갈등이 심화되고 있다. SNS에는 공식 언론사가 보도한 것이 아님에도 언론 보도로 포장된 허위 조작 정보가 넘쳐 나고 있다. 챗GPT도 오류가 있는 데이터를 학습해 사실이 아닌 답변을 내놓는 환각(hallucination) 현상이 치명적 약점으로 지적되고 있다. 특히, 기존 검색 엔진과 달리 챗GPT의 답변은 출처나 근거를 제공하지 않아 팩트체크도 어렵다.

일반적인 의미에서 가짜뉴스란 사실과 다른 정보를 의미한다. 그러나 보통 규제 대상으로 논의되는 가짜뉴스는 발화자가 고의적, 악의적으로 허위 정보를 유포하는 경우라고 할 수 있다. 즉, 허위라는 사실을 알고 있거나 알 수 있었음에도 부주의로 이를 알지 못하고 유포한 경우이다. 결국 가짜뉴스란 '허위 사실임을 알면서 정치적 · 경제적 이익 등을 얻을 목적으로 정보 이용자들이 사실로 오인하도록 생산 · 유포된 정보'를 말한다.

원칙적으로 민주주의의 건전한 발전을 위해서는 누구나 자유롭게 자신의 의견을 제시하고 소통할 수 있도록 표현의 자유를 최대한 보장할 필요가 있다. 따라서 악의성이 없거나 사실이라고 믿을 만한 상당성이 있다면 정당한 의혹 제기로서 보호될 필요가 있다. 이를 보호하는 이유는 표현의 자유를 보장하기 위함이다.

다만, 최근 한국 사회에서는 무엇이 사실인지에 대한 합의도 어려운 것은 물론 동일한 사실에 대해서도 해석에 정치적 편파성이 농후한 것이 문제다. 사실은 동일하게 받아들이지만 현상에 대한 분석이 특정 관점에서 이루어지는 경우나, 특정 사실이나 유리한 사실만을 부각시켜 정보의 진정한 의미를 왜곡하는 경우가 많다.

여야 간 극단적인 정치적 대립으로 인해 사실 확인 없는 아니면 말고 식의 폭로성 주장, 단순화를 통한 의미 왜곡, 자기 입장에 유리한 해석만 주장하는 일이 반복되고 있다. 이로 인해 국민 통합은 멀어지고 지지 세력의 양극화와 갈등은 더욱 심해지고 있다.

다만, 가짜뉴스에 대한 폐해를 시정하기 위해 정부가 직접적으로 법적 규제를 가하는 것은 표현의 자유를 고려하면 최후의 수단이 되어야 할 것이다. 결국은 전통적 언론 기관은 물론 SNS 미디어의 팩트체크 기능을 활성화하는 등 자율적 자정 노력이 실행 가능한 해법이다. 이와 더불어 이용자의 윤리책임의식을 고양하기 위한 리터러시 함양도 중요하다고 할 것이다.

허위 정보 규제 방안

2024년 4월 총선을 앞두고 딥페이크 등 허위 정보로 인해 선거가 혼탁해질 가능성이 높아지자, 선거 주무기관인 중앙선거관리위원회가 나섰다. 공직선거법 제82조의 8을 신설해 선거일 전 90일부터 선거일까지 선거운동을 위해 인공지능 기술 등을 통하여 실제와 구분하기 어려운 가상의 음향, 이미지 또는 영상(딥페이크 영상 등)의 제작 · 편집 · 유포 · 상영 · 게시를 금지했다. 또한 중앙선관위는 AI 모니터링 전담 요원과 AI 전문가로 구성된 감별반 등을 확대 편성해 대응했다.

글로벌 차원에서도 생성형 AI의 위험성에 대응하기 위한 규범 정립 논의가 활발히 진행 중인데, 특히 워터마크(watermark) 도입 논의가 활발하다. 워터마크란 디지털 이미지나 문서에 삽입되는 로고나 텍스트로, 해당 자료의 소유자나 원본을 표시하는 역할을 한다. 이를 통해 불법적인 복제나 사용을 방지하고, 소유자의 권리를 강화할 수 있다. 또한 저작권 보호나 인증을 목적으로 사용되는데, 이에 따라 해당 자료의 무단 사용을 방지하고 저작권 침해에 대한 증거로 활용된다. 워터마크를 이용해 생성형 AI로 생성된 콘텐츠도 더 쉽게 식별할 수 있다. 이로 인해 허위 정보일 가능성을 추정할 수 있게 된다.

미국 바이든 정부와 7개 주요 AI 기업은 2023년 7월 자율 서약(Voluntary Commitments)에서 안전, 보안, 신뢰를 강조하는 8가지 약속에 AI 생성 시청각 콘텐츠 표식(워터마크) 개발 규정을 포함했다. 또한 2023년 10월 행정명령(Executive Order)에서 미 행정부가 직접 AI 생성 콘텐츠 식별을 위한 기술 개발 촉진 및 인증 지침을 마련하며, 정부 생산 디지털 콘텐츠에 AI 생성을 표시하는 지침을 제정했다. EU는 인공지능법(AI Act)에 범용

AI 모델 관련 콘텐츠가 AI에 의해 생성되었음을 명시하는 투명성 의무를 규정했고, G7은 2023년 10월 AI 행동 강령에서 히로시마 AI 프로세스에 따라 워터마킹 등 AI 생성 콘텐츠 식별을 위한 인증 및 출처 표시 항목을 포함했다.

사업자들의 자율 규제 움직임도 나타나고 있다. 구글, 오픈AI, 메타 등 빅테크들은 2024년 2월 16일 개막한 독일 뮌헨안보회의(MSC)에서 딥페이크가 세계 각국 선거에 영향을 미쳐 혼란을 야기할 수 있다는 데 의견을 모으고, 딥페이크를 차단하는 방안을 마련하겠다는 내용의 합의문을 발표했다. 여기에서 빅테크들은 딥페이크를 감지해 라벨(꼬리표)을 붙이는 등 조치를 취하기로 했다. 또 효과적으로 딥페이크 등을 막은 모범 사례를 공유해 위법한 콘텐츠에 신속하게 대응하기로 했다.

국내 기업은 2023년 9월 초거대 AI 도약 행사에서 자발적 안전 조치 이행 선언을 했고 2023년 10월 제4차 AI 최고위 전략 대화에서 워터마크의 단계적 도입에 합의했지만 아직 대부분의 기업이 워터마크 기술을 도입하고 있지 않는 상황이다. 다만, 최근 사업자들의 자율 규제가 도입되고 있다. 네이버는 딥페이크 관련 키워드 검색 결과에 경고나 주의 문구를 노출하는 방안을 검토하고 있다. 또한 자사 AI 서비스 클로바X에서 음란성 콘텐츠나 얼굴 합성을 요청하는 경우 결과물, 즉 답변을 제공하지 않도록 했다. 카카오의 AI 전문 자회사 카카오브레인은 자체 개발한 이미지 생성 AI 모델 '칼로'에 워터마크 기술 도입을 검토 중이다.

다만, 워터마킹도 완벽하지는 않다. 이미지의 워터마크는 설계에 따라 감지될 수 있어 제거될 수 있으며, 비디오 워터마킹의 경우 워터마킹이 비디오 프레임 전체에 걸쳐 있으면 일반적인 비디오 압축 방법에서 손실될 우려가 있다. 텍스트의 경우 간단한 텍스트 편집을 통해 워터마킹이 쉽게 깨질 수 있다.

한국은 워터마크에 대한 법적 규제도 검토하고 있다. 국회에 계류 중인 기존 인공지능법 제정안에 AI 콘텐츠 워터마크 표시 의무화를 추가한 개정안을 마련하고 국회 통과를 기다리고 있다. 허위 정보에 대한 법적 규제, 자율 규제 외에 제일 중요한 것은 허위 의심 정보에 대한 진위 여부를 판단할 수 있는 이용자의 리터러시 함양이다. 그러나 문제는 심각한 정치적 편향과 확증 현상으로 인해 믿고 싶은 정보만 믿는 현상이 난무하고 있는 것이다.

결국 가짜뉴스가 주로 유통되는 공간인 온라인 플랫

폼 기업으로 하여금 가짜뉴스로 확인된 콘텐츠를 삭제 내지 임시 차단하는 의무를 부과하는 방안을 고려할 수 있다. 플랫폼이 자율적으로 이런 규제를 하는 방안도 있으나 최근 유럽연합(EU)의 디지털서비스법(DSA) 등과 같이 법적 규제를 강화하는 방안도 있다. 그와 함께 정부와 민간 기업이 리터러시 함양을 위한 대대적인 캠페인을 벌이는 방안을 강구해야 할 것이다.

한편 가짜뉴스에 대한 법적인 제재와 관련해서 보면 뉴스 형식을 통한 피해자가 특정되는 개인적 법익 침해는 민법상 손해배상, 형법과 정보통신망법상 명예훼손, 공직선거법 등 조문을 활용하는 것이 가능하다. 문제는 법적 규제 공백이 작용하는 가짜뉴스로 인한 사회적 법익 침해인데, 이 경우는 즉각적이고 회복 불가능한 폐해를 야기할 정도의 공익이 명확하게 저해될 경우나 피해 집단 구성원이 느끼는 사회심리적 피해가 통념상 막대하다고 추정되는 경우 등에 대해서도 규제를 할 수 있는 대안을 고민해야 할 것이다.

참고문헌

이성엽(2023.3.24.). [광장에서] 가짜뉴스와 표현의 자유. 영남일보. https://www.yeongnam.com/web/view.php?key=2023032

3010003130
이성엽(2023.7.12.). [투데이 窓]가짜뉴스 규제 필요할까. 머니투데이. https://news.mt.co.kr/mtview.php?no=2023071113551052078
이성엽(2024.1.12.). [이성엽의 테크프론티어] 오프라인서 불법은 온라인서도 불법이다. 서울경제. https://www.sedaily.com/NewsView/2D420YMABA
이성엽(2024.2.26.). [이성엽의 IT프리즘]워터마크와 AI 생성 허위 정보 규제. 뉴스1. https://www.news1.kr/it-science/general-it/5331744

이성엽

고려대 법학과 학사(86학번), 서울대 행정대학원 행정학 석사, 미국 미네소타대학교 로스쿨 법학 석사, 서울대 법학 박사를 졸업했으며 하버드대학교 로스쿨 방문학자를 거쳤다. 1991년 제35회 행정고시에 합격 후 정보통신부, 국무조정실 서기관을 거쳐 2004년부터는 김·장 법률사무소에서 방송, 통신, 인터넷, 개인정보 분야 전문 변호사(미국 뉴욕주)로 활동하다가 2017년부터 고려대 기술경영전문대학원 교수로 재직 중이며, 고려대 기술법정책센터장, 고려대 법학연구원 데이터, AI법 연구센터 공동대표로 재직하고 있다.

행정규제법 및 ICT법과 정책을 주된 연구 분야로 하고 있으며, 저서에 『글로벌경쟁시대 적극행정실현을 위한 행정부 법해석권의 재조명』(2012), 『개인정보보호의 법과 정책』(공저, 2014), 『사이버안보와 법』(공저, 2021), 『데이터와 법』(편저, 2021), 『디지털트랜스포메이션과 법』(2021), 『플랫폼의 법과 정책』(편저, 2022), 『마이데이터와 법』(편저, 2022) 등이 있고, "공유경제에 대한 정부규제의 필요성"(2016), "한국의 데이터주도 혁신에 대한 법의 대응과 진화"(2018), "생성형AI에서 규제원칙에 관한 연구"(2023), "기술혁신에 따른 데이터법의 이슈와 과제"(2023) 등 25편의 논문이 있다.

한국데이터법정책학회회장, 한국공법학회 부회장, 대통령 소속 디지털플랫폼정부위원회 자문위원, 국무총리 소속 국가데이터정책위, 규제자유특구위, 미디어콘텐츠융합산업발전위

위원, 개인정보보호위원회 규제심사위원장, 한국저작권보호원 저작권 보호 미래포럼 위원장, 마이데이터 포럼 회장, AI윤리법제포럼 회장, Legal Tech & AI 포럼 회장을 맡고 있다. 행정 현장 경험과 법, 통신, 방송, 인터넷 등 정보통신기술(ICT), 데이터·AI 분야 지식을 두루 갖춘 국내 최고 전문가로, 2019년에는 정보통신 유공으로 대한민국 근정포장을 받은 바 있다.